国际环境艺术设计基础教程

retail design
商业空间设计

[英] 林恩·梅舍 / 编著　　张玲　蔡克中　张友玲 / 译

中国青年出版社
CHINA YOUTH PRESS
中青雄狮

ava
academia

Basics Interior Design: Retail Design

Copyright © AVA Publishing SA 2010

All rights reserved. No part of this publication may be reproduced, stored in a retrieval system or transmitted in any form or by any means, electronic, mechanical, photocopying, recording or otherwise, without permission of the copyright holder.

Design by Dechant Grafische Arbeiten, Vienna

AVA Publishing is an imprint of Bloomsbury Publishing PLC. This book is published by arrangement with Bloomsbury Publishing PLC, of 50 Bedford Square, London WC1B 3DP, UK

律师声明

北京市邦信阳律师事务所谢青律师代表中国青年出版社郑重声明：本书由瑞士AVA出版社授权中国青年出版社独家出版发行。未经版权所有人和中国青年出版社书面许可，任何组织机构、个人不得以任何形式擅自复制、改编或传播本书全部或部分内容。凡有侵权行为，必须承担法律责任。中国青年出版社将配合版权执法机关大力打击盗印、盗版等任何侵权行为。敬请广大读者协助举报，对经查实的侵权案件给予举报人重奖。

侵权举报电话

全国"扫黄打非"工作小组办公室
010-65233456 65212870
http://www.shdf.gov.cn

中国青年出版社
010-59521012
E-mail: cyplaw@cypmedia.com
MSN: cyp_law@hotmail.com

版权登记号：01-2011-5006

图书在版编目（CIP）数据

商业空间设计/（瑞士）梅舍编著；张玲，蔡克中，张友玲译. — 北京：中国青年出版社，2011.11
国际环境艺术设计基础教程
ISBN 978-7-5153-0253-9
I.①商… II.①梅… ②张… ③蔡… ④张… III.①商业建筑-室内装饰设计-教材 IV.①TU247
中国版本图书馆CIP数据核字（2011）第199759号

商业空间设计

[英] 林恩·梅舍 / 编著   张玲 蔡克中 张友玲 / 译

出版发行：	中国青年出版社	印 刷：	深圳市精彩印联合印务有限公司
地 址：	北京市东四十二条21号	开 本：	787×1092 1/16
邮政编码：	100708	印 张：	11.5
电 话：	(010) 59521188 / 59521189	版 次：	2011年11月北京第1版
传 真：	(010) 59521111	印 次：	2018年8月第5次印刷
企 划：	北京中青雄狮数码传媒科技有限公司	书 号：	ISBN 978-7-5153-0253-9
责任编辑：	郭光 张军 李普曼	定 价：	58.00元

= 美国纽约Topshop店

设计者
= DALZIEL AND POW设计咨询公司

日　期
= 2009

《国际环境艺术设计基础教程》之《商业空间设计》　目　录

	01　品牌化和同一感	02　销售门类	03　商业场所
006　前言	012　什么是品牌	036　食品	064　百货商店
008　阅读指南	018　开发品牌	042　时装	068　大街
	024　销售品牌	050　家居	074　购物中心
	032　学生案例分析	054　休闲娱乐	078　城郊购物
		060　学生案例分析	082　广场
			086　替代场地
			088　学生案例分析

04 商业环境　　05 空间规划方法　　06 设计细节

092 商业和可持续发展
096 材料
104 照明
110 气氛和音响
114 学生案例分析

118 商业组织原则
126 销售规划
130 服务和辅助空间
138 学生案例分析

142 商店门面
152 室内建筑
158 固定装置与设备
166 学生案例分析

168 结束语
170 参考书目
171 引言来源
172 词汇
174 致谢
175 图片提供
177 注重职业道德

前言

本书旨在深入探讨商业空间设计的过程和策略。

购物是我们日常生活的一部分。不论我们购买的是食品、服装亦或仅仅是娱乐服务，我们所选择的购买地点在某种程度上体现了个性化的生活方式、素养和兴趣。大多数人会倾心于让自己感觉很舒服的商业环境，拒绝走进与自身形象不协调的空间场所。

商店设计的风格总是因时而变，以追随着时尚潮流和消费取向为基础定位。商业空间处于现代室内设计的最前沿，因为商业、企业为了保持自身的竞争力和吸引力必须定期进行更新升级。一些最有新意、最有活力的室内设计都能在商业空间设计中见到。

商业空间设计非常复杂，要从品牌化和同一感开始着手。设计者努力通过创造一种能引起消费者感情共鸣的体验来吸引和激发他们的购买兴趣。

本书将会就商业空间设计的全过程为你提供分步指导，为你提供能够创造成功的商业空间并与品牌、产品、消费者及商业运营相匹配的设计方案。这一点将会从实践中获得的影像、图纸以及学生的设计案例中得以体现。

= 21号俱乐部，
　EMPORIO ARMANI

　设计者
= FOUR IV公司

　日　期
= 2006

商业空间设计是一个复杂且不断变化的过程。希望本书能够带领读者踏上穿越商业空间设计之旅，探寻途中每一步的策略和彼此间的关联。

\ 前 言 \

阅读指南

书中介绍了商业空间设计的不同方面，每一章节专注讲解一个话题。借助学生和职业设计师的多样案例，商业空间设计的过程和策略将被逐一审视、分析和探讨。

章节标题
当前的章节标题都非常清楚地写在导航条里。之前的和后面的章节标题写在导航条的上方。

章节介绍
每一章节的内容都会预先通过几个段落进行简要介绍。

思考点
点明重要的设计概念以及相关评论。

标注
详细的标注有助于理解每一个项目的具体细节以及最终被采纳的设计方案背后的想法。

流动词汇
文中出现的重要术语会在页面下方加以清晰准确的解释。

名言汇
知名设计师和商业专家的想法帮助你更好地理解商业设计世界。

学生案例分析
学生的工作案例讲解有助于读者明白如何把理论应用于实践。

问题和练习
总结性的问题使得读者开始考虑如何去实施一个设计项目。

品牌化和同一感

　　品牌化是通过某一特定的名称来营销商品和服务的营销方式。我们都会认同那些很熟悉而且已经成为我们日常生活一部分的品牌，但是如何才能把二维的品牌演绎为立体的室内空间呢？答案虽有些复杂，其本身却构成了设计过程的基础。理解品牌是扮演好一个商业设计者角色的最重要的方面之一。就大多数室内设计而言，理解一栋建筑是实地调查的出发点和寻找设计主题的过程。然而，就商业运作而言，品牌形象是出发点，建筑和地址则通常被放在后面考虑。

　　本章探讨了品牌化的意义，并验证了如何将品牌化原则演绎为内部架构的过程。文中从多个角度给出了品牌的完整定义，同时也列举了不同的商业案例来解释如何通过室内设计来吸引消费者和确定消费取向。

品牌化和同一感　什么是品牌

　　品牌化的概念在本质上是与广告、营销以及消费者的下意识需求紧密联系在一起的。一个品牌可以是一种产品、一个人或者一句标语——任何可以用来买卖的想法或者人工制品都可以被品牌化。

　　品牌化是一种全球性的商业文化，其发展动力来源于消费主义以及人们通过购买某些特定产品来定位生活方式和个人喜好的需要。很明显，每一种品牌都具备能使其不同于其竞争对手的价值。有趣的是，尽管超市里有相类似半价的商品，但许多人仍倾向于购买品牌产品。是什么让人们深信那个铁盒里的东西质量会更好呢？

　　有些品牌已经超越了边界成为与产品一体的名称。例如，MP3播放器通常被称为iPod，在吧台人们点可口可乐而不是百事可乐。品牌的力量也充分地体现在人们的日常生活中，人们的话语中总会提及这种或那种品牌。

　　尽管通过营销和广告，品牌的形象可以得到认同并销售给大众，但没有哪一种品牌可以吸引所有人。品牌化可被定义为：通过理解产品并分析其核心价值，然后将产品传达给所对应的消费者群并深化品牌的影响力，最后将产品与实体环境相匹配。

　　就商业而言，商店是基于品牌概念以及要出售的产品而建立的。室内设计要营造产品的价值和质量的氛围，以此增强空间和信息之间的相关性。与品牌相关的一切都必须是同一的——从颜色和图样风格到产品种类，不论是多样的还是专卖的，都要适应室内环境。这种同一性使得传达的信息更加强烈，从而进一步夯实了品牌的价值。

= 英国伦敦的PRIMARK旗舰店

设计者
= DALZIEL AND POW设计咨询公司

日　期
= 2007

　　Primark在英国的发展一直很成功，也一直秉承着它的品牌价值：快速时尚，精益求精。伦敦的旗舰店采用了醒目的室内设计，营造出强烈的品牌氛围。这种模式将是以后在英国和全欧洲成立更多店面的基础。Dalziel and Pow设计咨询公司精心打造了Primark品牌的每个方面，从企业形象和副品牌策略到商店环境和图样处理，确保了在Primark所有店面之间的强烈的同一感。

/ 开发品牌 /

品牌化和同一感 什么是品牌

= 美国纽约的时代广场

各种品牌在美国纽约的时代广场上争相吸引大众的注意力。

品牌化进程

最早的品牌化案例可以追溯至19世纪80年代,如金宝汤、可口可乐和金狮糖浆等食品包装上的标语。自此便开始把品牌作为与产品密切相关的妙句或者影像来使用。直到20世纪40年代末期,有关组织才开始调整广告法,用特殊的符号、图形描述企业的业务,而不是描述产品。与此同时,"品牌标识"一词便成了企业语言的主流。

品牌化的概念在20世纪80年代开始盛行,起因于世界上最大的生产商在利润和产量上的衰退及萎靡。由于劳动和贸易法的改革,生产活动被史无前例地移到海外诸如中国和印度,以此来降低成本。在此之前,操纵生产过程的是经营策略,而这一策略逐渐开始被发展品牌形象所取代。

到20世纪90年代,由于市场萎缩,一些大品牌热衷于降低产品价格而不是增加广告费用,不料此举竟带来恶果。很多商家没能从经济大萧条的创伤中幸存下来,华尔街曾预言"品牌死亡了"。但那些坚守品牌价值和营销策略的商家却存活了下来,时至今日仍然是商业中的佼佼者。

品牌化原则

每一个品牌形象都是通过限定其内涵为主要原则来设定的。与考虑产品及其经营环境一样重要的是：建立一个品牌并使之从众多竞争对手中突显出来的观察力和掌控力。如上所述，那些坚守品牌价值的商家有能力在竞争残酷的世界里存活并获胜。这涉及到这些问题：这个品牌是市场的引领者还是追随者？该品牌是渴望一枝独秀还是欢迎其他品牌的共存？该品牌在产品多样性上的关注面是广阔的还是狭窄的？该品牌是全球的还是地方的？该品牌是长期稳定的还是频繁变动的？这些问题的答案影响着商家的经营策略和命运，是品牌化的核心。

品牌化原则可以通过以下各项来检验。

精髓 等同于业务的核心和工作的本质。这是商家最重要的特质。

价值 "品牌价值"一词蕴含于商家具有怎样的道德标准以及这些道德标准是如何在品牌中体现的。

形象 品牌形象是品牌发展最重要的方面之一，是通过视觉手段将商家品牌的精髓和价值展现给世人。

大抱负 表明品牌经营的目标。

巨额利润 每一个品牌的背后都蕴含着赚钱的梦想。知道如何达成这一目标是根本。

延伸 很多品牌的成功来源于品牌影响力所带来的意外收获。设想有了这个品牌人们还能做些什么，是很重要的一点。

文化 市场/消费者/使用者是哪些人？成为这种文化的一部分感觉如何？

> 菲尔·奈特（PHIL KNIGHT），NIKE
> "Nike是'一家运动装备公司'；它的使命不是卖鞋，而是'通过运动和健身来改善人们的生活'并使'运动的魔力永存'。"

/ 开发品牌 /

品牌化和同一感 什么是品牌

：沃利·奥林斯(WALLY OLINS)
"……要想真正产生实效,你必须能够感受到这个品牌,你甚至能够触摸它、感觉它。这样一来便能表明品牌自身的核心思想。"

= 澳大利亚墨尔本的Sportsgirl旗舰店

设计者
= HMKM设计咨询公司

日　期
= 2008

　　Sportsgirl是澳大利亚的知名品牌。墨尔本旗舰店通过其新潮的展示、图样制作和互动的氛围囊括了该品牌自身的所有气质，因而该店也成为这一时尚大街商业中心最激动人心的又一次创新。菱形镜面的招牌引领顾客步入一片仓库风格的新潮产品陈列区，裸露的砖块、亚光、浅灰色地板以及空白的帆布区，都别具匠心地用来凸显新潮设计。更加精美的区域，比如别出心裁地采用从地板至顶棚的"抽屉箱"展示鞋子和配饰，以及"蝴蝶花园"试衣间，共同营造出一隅激情多彩的空间，反映出Sportsgirl品牌名副其实的朝气与活力。

品牌化和同一感 开发品牌

为了开发或者改革一个品牌，商家将会经历一系列的过程来获得对品牌本质的理解，或者在改革品牌时，考虑哪方面的工作没有奏效。

由于商家本身不一定具备相应的业内知识，他们经常聘用品牌顾问来管理这个过程。其中涉及到多个阶段。第一个阶段是通过调查分析来研究商家的本质及其特点。例如可以通过审核商家在销售店铺、产品及设备方面的现状来完成这一阶段。同时，商家也可以环顾一下自己的主要竞争对手，确认他们的市场定位。在这个初始阶段所获得的信息将会继续影响品牌的开发以及商家的一切发展所依赖的核心思想的确立。

在下一个阶段里，图样设计师将努力使核心思想包含的意义情景化，并考虑品牌的感知度。这将以图样基调和生活调色板为出发点显示出来。一旦设计者和客户之间建立了共同的感知度，对平面设计和室内设计皆适用的风格也就确定了。这是平面设计师和室内设计师通力合作的一个很好的案例。有时候这一过程还包括开发一个新名称或者新标语，或者在已有风格的基础上再接再厉。在平面设计过程中，所有的决定都服务于品牌的广告效应。一旦设计被一致通过，品牌准则就会在平面设计者编撰的手册中被逐一明确。这些准则将被作为一个重要文件送给广告及图样方面的承包商，以便在整个实施阶段保持一致性。这些准则包括标语信息、色彩基准、字样和影像，以及如何准备不同类型的标志图样、纸张和其他交流工具等事项。

将室内空间品牌化

假设一栋建筑的壳体是一片空白的帆布,墙、地板和天花板,它们都是中性的。想想一个知名品牌及其相关的颜色、样式、标语、音响或者气味,理解这些产品以及它潜在的购买者。分析一下可能使用这个产品的人群的生活方式:他们开什么车?住在哪里?挣多少钱?最重要的是,他们期望着能从一次消费体验中得到什么?所有这些问题构成了室内设计概念的基础。用来形容将一个品牌转化为立体空间体验的术语叫作"品牌立体化"。

建立室内概念

室内构架通常以平面准则为基点,理解终端用户的需求并对竞争形势进行分析。这些信息是通过视觉调查或者"分类面板"(从书本或者杂志里获取并用于清楚地解释设计小组的思考过程和想法的影像及图片)体现出来的,更侧重于内部构架而不是平面设计。随后,依据视觉调查的重要特征引申出不同的"故事",清楚地讲述内部设计构架将会是什么样子以及平面的同一感将对空间产生怎样的影响。通过这样一个过程室内概念便水到渠成地建立起来了。

> :   奥托·瑞沃特(OTTO RIEWOLDT)
> "品牌立体化就是将品牌自身转变为一个具体场所。"

品牌立体化
该术语用以描述如何在立体空间内打造一个品牌。

品牌化和同一感 开发品牌

概念演绎

空间设计概念通过含有链接、循环计划、动画视觉草图以及表面处理样例的视觉故事演绎为一个"虚拟的"内部空间。通常此时会产生不同的方案，所有的方案都会向客户展示，然后客户和设计者合力达成一个最终设计理念。这个理念可能很明显地来源于所展示的概念中的一种，也可能来源于对所有潜在概念的综合考虑。一旦概念得以确定，设计师便开始关注设计的细节。这个过程适用于每次客户会议，直至达成共识并把系列图集结成册。

"铺展"设计图

一旦客户和设计师在设计概念上达成共识，便可以开始安排把这个新的室内设计"展开"在客户已有的或新的场所内。"展开"只是意味着把同样的室内设计在不同的场所之间再现。为此，设计小组所准备的手册必须包含所有的设计要素，阐明根据不同类型的场所来修订方案的途径。要绘制多样的布局图和立面图，以及每件室内设施和装备的详图，并提供光源进程表及照明信息。

有时候设计师的工作到此就结束了。客户收到上述信息后，会再去雇佣一个承包商来监督和落实每家店面的设计。有时候设计师会和客户及承包商一起按照手册规定的一致性为不同的场所准备相应的图样。这就需要与地方政府规划部门打交道并对店面进行实地考察。这通常会在项目的开始、进程中，以及为"抢得"店面敲定最后细节时，或者是设计结束工作交接之前。设计师也会为承包商解决任何可能出现的问题。设计师也许还会参与制定店面关于视觉方面的营销规划，尽管绝大多数的大型品牌都有他们自己的业务小组具体负责把每家店面都装饰得如出一辙。

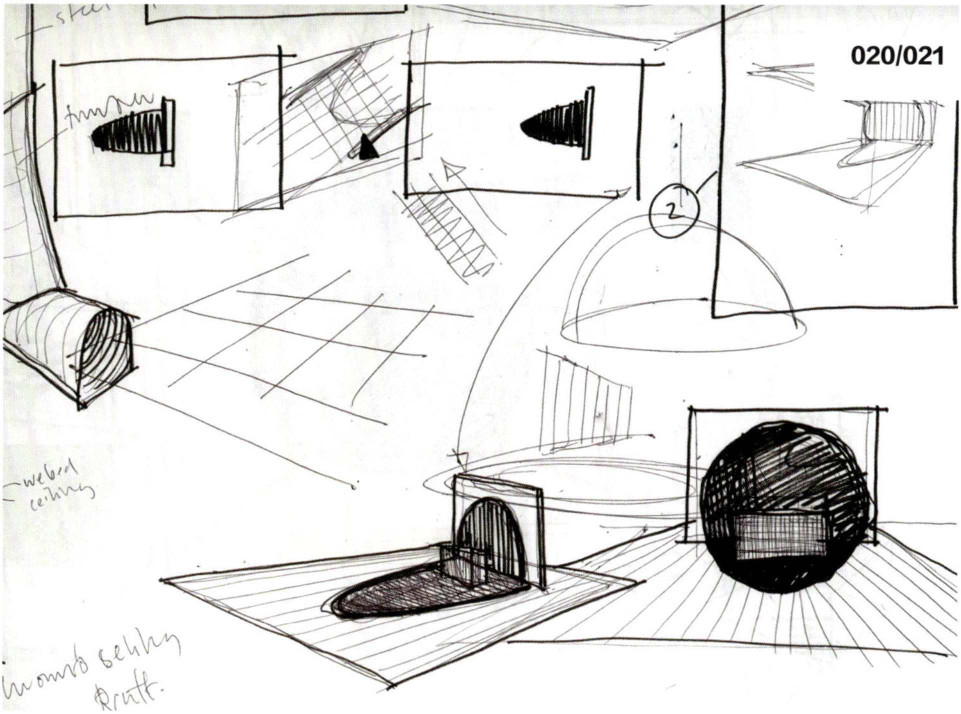

= **英国伦敦的FULLCIRCLE旗舰店**

日　期
= **2008**

　　这家旗舰店的设计鲜明地诠释了对Fullcircle品牌的字面意思。切割店内空间的分隔墙,使切掉的形状与天花板和地板的黑色扇形形成一种夸张的视错觉。此时如果从商店的入口处往里看的话,客户就会感觉在商店的后部有一个直径12米的整圆。该图呈现了设计构思从草图到最后立体效果的演变。

品牌化和同一感　开发品牌

打造室内空间

品牌的店面通常划分成不同的区域来进行室内设计。仔细分析这一点的话，结果会令人大为惊异。客户70%的预算将会被花费在建筑装修上，意即结构、电力改造或地板、天花板装修以及照明等。这些对于室内设计的效果来说非常关键但消费者未必能轻易发现。无论如何，这些装修设施必须有能力支撑20年之久，客户的开销也要得到相应的回报。

其次，用来陈列产品和保持商店正常运转的固定设施及装备将占去客户预算的近20%，它们的使用寿命约为6年。虽然它们在总体的设计构思中对于功能和配合方面很重要，但消费者也未必能注意到。

最后的10%的预算用来支付整个设计方案里的品牌元素应用，包括平面图样、终端装饰（比如色彩、图案或者质地）、在适当的位置上显示的标语、音乐和香味等。这是最终点缀空间彰显品牌风格的关键点。为追随时尚潮流的发展，上述元素可以每个季度、每周或者每天为周期来变换，以便第一时间传达时代的主流信息。这样，店铺才能处于一个不断革新的状态。

> 雷西德·丁（RASSHIED DIN）
> "商业空间设计师的任务是将心理学、技术及工程学的元素与市场知识结合在一起。"

= **英国伦敦的VERTU商店**

设计者
= **SHED DESIGN**

日　期
= **2007**

Shed被聘请从店内的特许商品和卖点上来重新设计Vertu的销售店面。在设计伦敦的赛尔夫瑞百货（Selfridges）的特许商品时所采用的黑色部件、光滑的屏幕以及大理石地板都极好地体现了该品牌奢侈豪华的特质。该图显示了新门面落成后的效果。

品牌化和同一感 销售品牌

虽然品牌商店以不同的类型遍布世界各个角落,但它们都有特定的方法来推广新概念或者巩固自身在国际市场上的地位。

这通常是对处在行业领头位置的商家而言的,目的是为了赢得更大比例的世界消费者群体。随后这种设计会被再次运用到大城市外围的规模略小的商店里,例如概念店、旗舰店和生活方式商店等。随着市场变得越来越饱和,商家们正不断地努力寻找方法来吸引不同的市场。对于大多数人来说,网上购物已经成为主流。更为有趣的是,游击营销的方式已经以狂风暴雨之势席卷零售业,给消费者带来很多的惊奇和意外。

= 阿联酋迪拜的GINA概念店

设计者
= 考尔德·穆尔 (CAULDER MOORE)

日 期
= 2009

: 考尔德·穆尔
"在图中店铺的右边,一座标志性的GINA鞋子图样的拱门,嵌在一堵有闪光包层、镶有香槟绒面革,并且附带黑天鹅绒展示垫的黑墙里,直接通向高档时装区。"

在伦敦的两处突出位置设立Gina品牌店铺之后,考尔德·穆尔被邀请也在迪拜设立店铺推广这一产品概念,以吸引潜在的中东市场。借助于Gina独特的图样、独具匠心的自绝、全定制物料以及豪华装饰,最终的内部设计方案完美地体现了这一鞋类品牌的特级价值。通过使用黑色光泽、不锈钢、绒面革、天鹅绒、通长镜子和施华洛士奇吊灯所营造出的迷人的、充满想象力的、奢华的场景有力地烘托了该奢侈品的上乘品质。

品牌化和同一感 销售品牌

概念店

概念店是新的销售想法被初次检验或推销的某一具体场所。这种场所通常是拥有很大客流量和易于组织销售活动的主要商业空间。其目的是为了确认该新概念是否能够在对该品牌感兴趣的大众中间引起强烈反响，是否能够吸引新顾客。一个新概念的成败大致上取决于销售额。如果销售额上升，那么这个概念就是成功的。然而，有些情况下，尽管主址的概念店取得了成功，但是其他较小分店的业绩却差强人意。产生这种情况的原因是精美的新店面的启用往往会让收入相对较低地区的人们觉得这代表着更高的消费水准，远远超出他们的购买力，因此就容易导致销售额的下降。鉴于此，商家在为品牌选择某一特定的市场时要非常慎重，以便使得新概念更容易被当地人们所接受。

旗舰店

成立旗舰店的目的是在世界范围内的大型重点商业区推销品牌。旗舰店的室内设计经常是其商家连锁店的外延。不同的是，旗舰店具有更高的规格和独有的特点，这二者共同构成了品牌宣言。旗舰店通过营造一种更像旅游景点而非购物地点的展会般的体验来影响顾客对品牌的选择。其关键点在于顾客来参观旗舰店时，他们未必一定要购买商品。但是，通过参观，他们会对该品牌产生兴趣，并可能到离他们住所更近的该商家的其他连锁店去购物。作为一种聪明的营销工具，旗舰店的目标是在不知不觉中刺激顾客选择某一特定的品牌。

= 德国柏林的LEVI'S 旗舰店

设计者
= CHECKLAND KINDLEYSIDES有限公司

日　期
= 2008

　　Checkland Kindleysides有限公司的宗旨是要为这家Levi's店创造一种至尊的品牌体验。本着每一区域都表达不同信息的初衷,设计师们共同创建了这个店面。在一楼,产品与当地艺术家的作品一起陈列,一座漂亮的弧形楼梯充当了有力的背景,展示出Levi's的发展历程,使顾客们感受到这一品牌的开创精神。二楼的房间为顾客们提供了深入探索"牛仔裤"的空间,展示的都是最稀有的产品。这个旗舰店意在创建一个空间来培养和展示Levi's品牌与当地的艺术家、音乐家和电影制作人之间的关系,借此推广品牌的创造力和生命力。

\ 开发品牌 \　　　　　　　　　　　　　　　　　　　/ 学生案例分析 /

品牌化和同一感　销售品牌

游击店及其商业活动

当前紧扣商业文化的一个现象就是游击店或者装置作品展，这被看作是游击营销的衍生物。在这种商业模式下，店铺仅在最短的时间内出现于某一场所。它通常会以与销售没有关联的临时的架构或空间的形式出现。商店的地点及其商业活动不会被广泛宣传，仅对知情者开放。游击店的概念是时尚的前沿，吸引的只是最"潮"的人群，传达着一种"如果你不了解，你就不必知道"的心理。把这种概念付诸实践是为了提升品牌地位并为顾客提供一种只能在独一无二的临时场所看到的不同类型的产品。

= 遍布各地的LEVI'S 游击店

设计者
= CHECKLAND KINDLEYSIDES 有限公司

日　期
= 2008

无论在哪里，Levi's的这种便携式销售概念都能把产品带到顾客面前。整个的概念，包括推销、图样、产品，甚至是可以折叠起来存放在航空箱里的更衣室，都让人不禁想起"旅途中最适用"的品牌特点。如此一来，该品牌便凭借其独特而又让人惊喜的元素既快捷又自然地赢得顾客的青睐。

生活方式商店

　　生活方式商店的概念源自于连锁店能够提供某一品牌名下的不同产品的想法。这对于顾客来说简直就是梦寐以求的,因为这样他们便能投资于全方位的生活体验。通过其时装、家具用品和休闲娱乐等不同门类,生活方式商店可以包含所有的商品类型。有时候,生活方式商店也会出现不同门类的合并,比如带有咖啡馆的银行,或者带有技术区的体育用品店。

= 英国盖茨黑德的M&S LIFESTORE

设计者
= 约翰·波森(JOHN PAWSON)

日　期
= 2004

　　M&S LIFESTORE以同一品牌的名义向顾客提供不同类型的产品,使之成为一家名副其实的生活方式商店。基于约翰·波森一贯的风格,这次特殊的设计重在探索如何围绕使用的惯例而不是形式的习俗来设计建筑。它采用了波森最基本的一些设计风格,比如宽大的地板、宁静的白墙、浮动的长椅、影子的差距、最小框架的地板至天花板装饰、最佳的灯光处理以及自然原料的有限调色等。

　　摄影师: 理查德·戴维斯(Richard Davies)

\ 开发品牌 \　　　　　　　　　　　　　　　　　　　　/ 学生案例分析 /

品牌化和同一感　销售品牌

代言、合作与赞助

我们经常可以看到有品牌以广告牌的方式赞助大型活动，比如足球比赛。最近，不少商家也开始尝试与不同类型的艺术家合作，以促进旗下品牌在某些特定群体中的销售，进而增强其自身的魅力。近些年，可以看到已经有越来越多的名人凭借他们的声望来给产品代言，以提高该品牌产品的地位。与此同时，这也为顾客提供了些许接近名人的机会。在这一点上，香水的销售就是个典型的例子。

不论产品是以名人代言、艺术与产品间的合作还是赞助一项活动的方式来宣传，其结果直接影响着品牌室内空间设计应用的持久度。在某些情况下，销售本身变成了一个一次性的活动。这就向顾客传达了一种"走过路过千万不要错过"的姿态，促使他们在限定的时间内消费这一品牌或者把品牌仅仅作为一次装置作品展而不是购物场所好好体验一番。

= 遍布各地的Sony游戏站活动

设计者
= **CHECKLAND KINDLEYSIDES 有限公司**

日　期
= **2007**

为了庆祝索尼游戏站与波罗的海地区、英国国家歌剧院和英国电影学院为期6个月的艺术合作季，一座标志性的互动型装置被设计出来并在不同的地方展示。这一装有镜子的雕塑装置与它周围的环境交相呼应，在每一处展览地都制造出了强烈的视觉效果。

\ 销售品牌 \

品牌化和同一感　学生案例分析

项　目
= **手机商店**

设计者
= **玛格达蕾娜·库玛拉（MAGDALENA KUMALA）**

日　期
= **2006**

= 空间设计完成后用电脑制作的可视图

= 空间的平面图

!　　学生们要为设计一个商业空间来陈列、出售和储存一种奢侈品牌的手机，其中蕴含的品牌的同一感能让身处世界各地的人们很容易感受得到并欣然接受。最终的设计方案考虑到了产品类型的多样性以及需要陈列的手机的数目。该项目的选址是基于某一购物中心里的一处典型的商业单元，面积大约40平方米，吊顶高度为3米，空间足以摆放70部手机。在销售过程中，一旦顾客对某种特定的产品表示出兴趣，店员便可以与其详细商谈。店内很宽阔，店员和顾客完全可以坐下来非常舒服地讨论与手机相关的话题。此项设计的概念以富足、诱惑和独特为基础，辅以奢华的材料和照明来暗示产品高贵的品质，并最大程度地呈现产品的同一感。

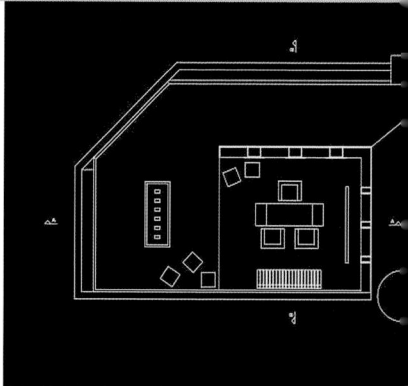

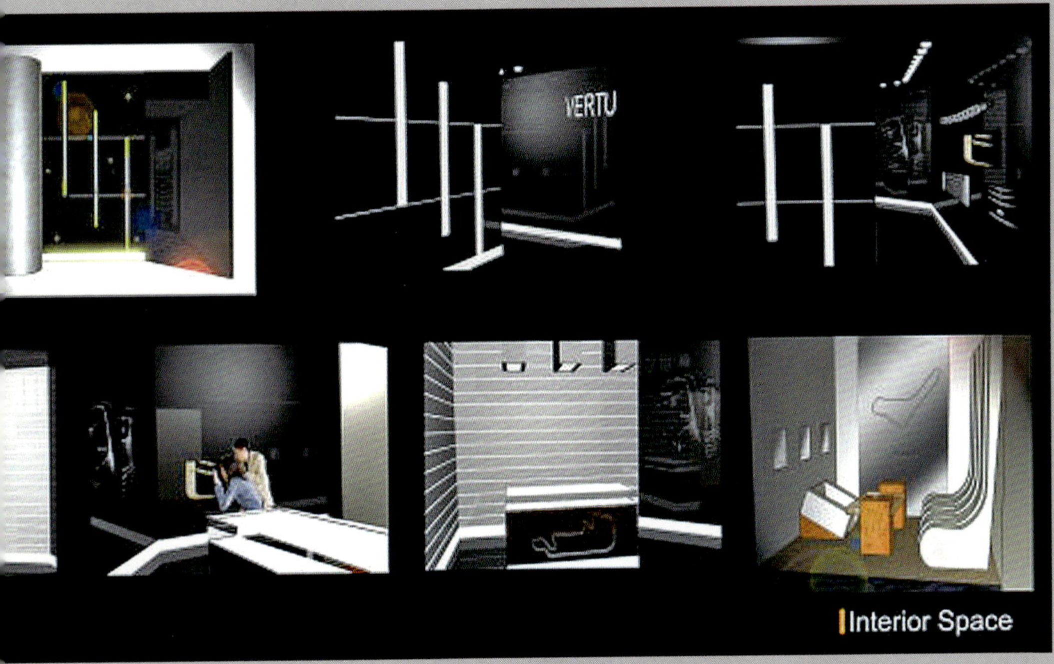

Interior Space

= 空间的剖面图

? 现在，假设你要设计一个商业空间来陈列、出售和储存一种奢侈品牌的手机。

1. 列举出其他的手机品牌。为什么你的手机品牌独具一格？

2. 些品质可以通过空间设计反映出来么？应该怎样做？

3. 列举出这种品质的空间要求。品牌的品质可以通过这些元素体现出来吗？

4. 哪些元素可以被应用到其他分店？

5. 手机行业发展迅速且竞争激烈。怎样才能保证你的设计很容易被更新？

销售门类

商业空间可以通过不同的销售门类来限定和辨别。这些门类可以被粗略地描述为：食品——从市场到超市和特色食品店的推进；时装——衣服、鞋子、配件和美容产品；家居——自制品、家具、织物和厨具；休闲娱乐——运动、技术、旅行和投资。每个门类都受到了来自社会经济、政治、历史和设计发展过程的影响。

本章旨在阐明每一种门类在设计空间方面所受到的上述影响，并解释不断推进的商业活动的本质。为此，每一种销售门类都提供了典型的实例作为参考。

034/035

销售门类 食品

食品销售是一个巨大的行业，这一点很明显，因为在每一个城镇都有属于该行业的小餐馆、饭店、咖啡店和超市。如今，大型企业集团和商业连锁店主宰着西方世界的食品销售，与它们相抗衡的是为夺取本地市场而诞生的商业联合体和独立零售商。

这些商业空间的设计语言，经常从一个城镇的店面复制到另一个城镇的店面，也许最初显得很单调，但对于很多人来说它们却是我们日常生活的一部分。如果我们更加深入地探究这些商业空间的概念，就会发现一个有趣的过程。这些商业空间虽然起源于文化影响和世界传统，但已经被演绎为展示系统功能的商业环境。例如，很多咖啡店和饭店通过设有开放式门面和室外雅座的温馨氛围反映出欧式的餐馆文化。同样，超市的商品陈列容易让人想起街市和旧市集上堆得高高的农产品，以及用来吸引消费者的特殊的食品包装颜色。另外，超市里引导顾客朝着某一特定方向前进的过道和市场上的情况也比较类似，但更为严密和整齐些。

= 位于摩洛哥马拉喀什的DJEMMA EL FNAA 广场

很多城市都以市场为中心。在这里，空气中充满了草药和香的味道，形成了一种独一无二的摩洛哥氛围。市场与周围的小巷融为一体，成为了一个露天贸易场所。这里没有推销，商品就是它们自己的推销员。

= 泰国曼谷的水上市场

曼谷的水上水果蔬菜市场有力地证明了可以通过任何可能的方式把食品运进城市。

市场

历史上，从中亚和中国的遮篷市场，阿拉伯的露天市场，罗马的广场直至欧洲城市里的街市和市集，市场在城市出现的过程中一直扮演着主要角色。就传统意义而言，市场就是把食品和其他必需品从周围的农场或者海上运进城市，然后将其出售给民众的地方。运输这些产品时的路线对于创建村庄和城镇形式的社区起到了重要作用。

在很多国家，市场依然是城市的中心。它是社会交往的场所，因其丰富的活动、声音、色彩、味道和感受而显得热闹非凡。市场是短暂的，持续变化的，同时也是城镇景观的一部分。

市场的摊位都是由简单的框架建成，以达到灵活、方便拆卸和储存的目的。每一处摊位就好像一个小商店，头顶上方带有天篷，既形成了内部空间又可以保护商品不受恶劣天气的影响。它们的功能很全，可以在桌面上陈列商品，可以把罐装食品堆得很高，也可以把织物悬挂起来。在这里，商品是自行销售、陈列的，设计已不再显得重要。

/ 时装 /

销售门类 食品

: R. 索恩（R. THORNE）

"市场的初衷是'服务于生存需要，就像教堂服务于精神需要一样'。"

? **历史和叙事体**

既成惯例和历史习俗会在很大程度上让商业室内设计充满活力。昔日的氛围能够影响顾客的感受，可以被视为一个极有价值的设计手段。这些话题将会在同系列的其他书里详加探讨。

市集

在西方，建造市集是为了给市场贸易者提供住宿并保护他们不受街道上恶劣天气的影响。在20世纪80年代，随着超市购物逐渐成为主流，英国的很多市集都被改作他用或者废除。当初建造伦敦城的时候，主要是为了满足城里所有居民的基本需求，因此便出现了许多大型批发市场。其中，主营肉类的Smithfield's市场和主营鱼类的Bilingsgate市场至今仍在运营中，而Borough市场、Covent Garden 市场和Spitalfields市场被用来出售水果蔬菜（如今只有Borough依然是一个食品市场）。近些年市集又开始重现。尽管现在的市集已经失去了原有的核心价值，已成为旅游胜地，但却可以向游客们提供专业的优质调料、工艺品、织物和时装。

市集通常由两部分组成，一部分是在外围建筑中的店铺，而另一部分则是有很多摊位的中心开放市场。

= 英国伦敦的 Covent Garden 市场

英国伦敦的Covent Garden´s Jubilee市集包括两处开放的市场广场和三排两侧都带有柱廊门面的商店。本来用作酒吧或者咖啡店的广场房舍立于广场的两端。市集里还有两个平台俯瞰着广场。这两个平台被用作专卖店，以吸引高端顾客。Covent Garden´s Jubilee市集曾在20世纪70年代被重建，现在尤以它的工艺品市场而闻名遐迩，实属一大旅游景点。Spitalfields市场近期也被重建（重建完成于2005年），内有现代化的钢筋、玻璃建筑，以及咖啡馆、饭店和高档商店。

销售门类 食品

超市

随着20世纪20年代中期超市的兴起，大多数西方国家的市场都被取消了。大型企业集团现在用轮船将各种类型的食品运至世界各地，以满足人们的生活需要。这样的食品通常价格便宜、货源充足、现买现卖，也不受季节变化的影响。这种便利的经营方式有力地支撑着当代人的生活方式：漫长的工作时间、妇女们也要离开家门走上工作岗位等等。

超市现在成了各种零售商品的汇聚地。很多人感觉超市的环境和诊所差不多：非常整齐有序，便于查询。另外，超市里每一种商品的标志和包装都是通用的，很醒目；过道宽阔且畅通；商品成堆摆放，货源充足，给人以仓库的感觉；水果和蔬菜被放在一起陈列，和市场里一样，它们本身的颜色就是很好的卖点。

超市现已成为人们非常熟悉的能够提供基本必需品的重要场所。超市和市场不言而喻的关系，主要在于它们的存在方式及产品陈列是相类似的，但在很多方面，它们是对立的。和市场不同，超市没有在城市里营造出社群意识和社会交往氛围，不能被称作城市的中心。然而，超市真正做到的就是用它的便利、它那充满现代气息又应有尽有的购物环境来支撑人们当前的生活节奏。

消费主义： 即对物质财富的购买行为。

特色食品店

与超市相比，某些特色食品店的设计更容易直接与市场体验联系起来。特色食品店中产品的展示更多地是为了营造一种真实的市场氛围，也没有大型企业集团连锁店的局限性。与今天的某些市集一样，这些特色食品空间跨越了零售和休闲娱乐两个商业体系；产品很有吸引力，给人以特定生活风格的印象。特色食品店可以让当代与传统室内设计的结合更加具有个性和魅力。

= 英国伦敦的 VILLANDRY 商店

设计者
= DALZIEL AND POW设计咨询公司

日　期
= 2007

凭借它的美食体验和法式灵感，Villandry成功跨越了零售和休闲娱乐两部分市场。室内空间被划分为综合食品区、熟食区、肉食区和高档外卖区。该店室内空间设计得十分巧妙，人们从街道上就可以购买外卖。通过对内部细节的雕琢以及图形语言的适当使用，该店的市场感被迅速提升到一个更高的层次。

销售门类 时装

　　时装对于零售业有着重要的影响。首先，内部空间的设计紧紧追随着当前在色彩、材料和图形方面的潮流。其次，时装界的巨大的客流量支配着其销售门类的发展，涵盖了服装、配件、鞋子以及美容产品的销售。时装市场主要以女士为主，在很大程度上这种互动性的社会体验也被众人看作是一次快乐的出游。

　　自古以来，时装在描述阶层、财富和传统等方面一直扮演着重要角色。然而，时装行业是随着百货商店的概念在英国的诞生才真正开始迅速发展的。1850年在巴黎，随着大型百货商场Grand Magasin和Le Bon Marché的成立，这种概念进一步发展成为面向历来世故的资产阶级的一种购物体验。百货商店里到处陈列的多种多样时装款式无不显示出资产阶级阶层对仪表和物质财富的向往。

　　鉴于时装世界不断变化的性质，时装商店的内部设计必须能够适应市场需要。时装业可以被划分为三个区域：优质、时尚的风向标，其新颖、前卫的时装和内部空间引领着同行的发展方向；精品店，其内部空间别具一番独特的风格，主要是为了满足个性化的需求；批量生产的商业时装集团，其时装款式和内部设计节奏明快、令人兴奋，但有时也会颇具争议。

= 法国巴黎CALVIN KLEIN 商店

设计者
= 克劳迪奥·席维斯金
（CLAUDIO SILVESTRIN）

日　期
= 1997

　　此次空间设计创造了一种简洁式抽象派艺术效果，这在许多超级时尚商店都是很常见的。通过使用大理石地板、白色的墙壁和丝绸般的玻璃屏幕，整个空间给人一种"陈列橱"的感觉，丝毫无碍于服装效果的展示。

\ 食品 \ /家居/

销售门类 时装

= 位于美国纽约、日本东京和法国巴黎的COMME DES GARÇONS

设计者
= FUTURE SYSTEMS公司

日　期
= 1998

　　1998年,Future Systems公司应邀在纽约、东京和巴黎为Comme des Garçons创建店面。他们的宗旨——营造一种"充满实验意味的新空间"——成就了三种氛围浓烈且独具特色的设计。在纽约,新旧的非凡混搭形成了一种自然原始但又机械化、机器化的装饰效果。在东京,通过使用两个圆锥体的玻璃门面创造出一种外界与内部之间奇特的滤波效应。在巴黎,一层淡粉色的玻璃掩映着商店具有历史意义的门面。空间和服装之间的关系通过这些非比寻常的环境而得以体现。

时装商店

时装商店是一个用以展示时装品牌的终端,具有专用的设计师或者设计小组。超级时尚空间已经成为最有影响力和创造力的商业空间,并引发了时装和建筑设计的大量融合。大型时装店通常选择在伦敦、巴黎、米兰和纽约来成立他们的主要品牌店,因为这些城市被世人公认是世界上最有声望的时尚之都。

：雷姆·库哈斯（REM KOOLHAAS）
"购物现象'对建筑界而言一直是神秘难测的……它是当前对于城市建设最具有决定性且最重要的贡献之一'。"

时装设计师、艺术家和建筑设计师之间成功合作的大量案例让空间设计变得更有活力和新意。这种形式的合作始于20世纪80年代,当时的最简洁的抽象派艺术商店是由跻身于商业设计前沿的一流建筑师创立的。这些空间设计精巧,注重细节,通常被称作"白盒",服装可以在里面像一件件艺术品一样被展示。今天,我们仍然能够看到这样的空间设计,但也出现了一种不同的空间类型。受到网络的影响,CAD模型程序包改变了设计的过程,如此一来,基础建筑操作起来更加容易,并形成商业空间用以展示商品。

时装设计师和建筑师的完美互动不仅使得时装设计师的作品获得了一种强烈但又独特的空间同一感,还使建筑师可以在短时间内实现这一点。有趣的是,虽然这些空间的确存在,但在建筑界这并不是一种趋势。在某些情况下,建筑师会为时装商店设计一栋建筑,或者只是基于现有建筑的内部设计。在绝大多数情况下,时装商店的预算资金数目庞大,因此能够突破现代设计的界限。

\食品\　　　/家居/

销售门类 时装

精品店

精品店作为一种小型的独立经营店兴起于20世纪50年代后期，也就是第二次世界大战刚刚结束不久，那个时代的年轻人已经准备好去拥抱自由和关注自我表现。在此之前，精品店只是作为大型商店的一个部门，所展示的是介于定制的高档服装和批量生产的便宜服装之间的服装。首家具有革命意义的精品店Bazaar出现在英国，位于伦敦的国王路，所展示的服装均出自设计师玛丽·官（Mary Quant）之手。这家店是由特伦斯·康伦（Terence Conran）设计实施的。该店的新颖之处在于它在空间设计上采用了一种非常酷、非常现代的手法。落地玻璃门面使得顾客从店外就能看到店内的情景。这与当时绝大多数商业空间有着天壤之别，成为20世纪60年代兴起的青年文化的标志。虽然Bazaar在这次小型革命中有举足轻重的作用，它的顾客却主要是富人和精英。

我们今天所熟知的精品店展示的多为定制或绝版的特色服装——与超级时尚市场上的那些最知名的品牌商店迥然不同。精品店的室内空间较小，布局紧凑，其个性化的设计也很好地映衬了所展示的服装及配饰的风格。

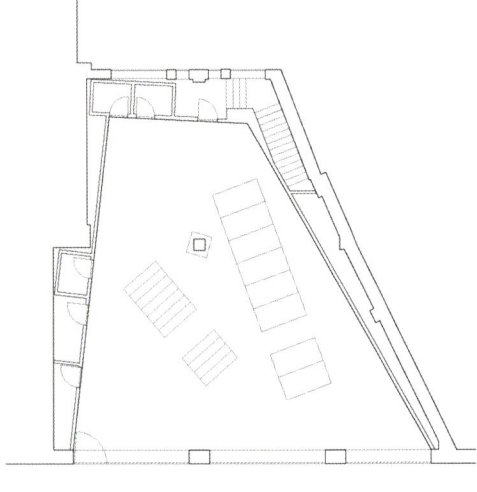

= **英国伦敦的OKI-NI精品店**

设计者
= **6A建筑师组合**

日　期
= **2002**

Oki-Ni所销售的高级定制服装来自诸如Evisu、Levi's和Adidas等设计工作室。伦敦店的内部结构以一个舞台般的橡树"底盘"为基础，通过一桩桩的可触式分层展台来陈列产品。Oki-Ni为时装市场提供了一种全新的顾客与产品的关系。全球品牌和"独立"品牌的限量版服装都可以从Oki-Ni的专属网站上买到。6A建筑师组合赢得了在萨维尔街设计旗舰店的授权，他们所采用的装置展示概念强调购买服装时的实体感和机遇感。低桩的可触式陈列取代了传统的搁架、栏杆和橱窗展示，从而形成了Oki-Ni的店面风格。充裕的可触式表面既是展台也是设备。这种与长期以来的商业设计惯例的差别，开辟了一隅休闲和社交相融合的新天地，对顾客发现新产品起着关键性作用。

? 表征

空间表征是所有室内设计因素的核心。素描、手绘、技术制图,以及电脑特技方案和模型都被设计师用来向顾客传达信息。在同系列的其他书中将就这一方面详加阐述。

\食品\　　　　　　　　　　　　　　　　　　　　　　　　　\家居\

销售门类 时装

商业时装

1964年，芭芭拉·休兰尼斯基（Barbara Hulanicki）在伦敦成立Biba的时候，她便首创了主流时装商店的概念。

今天，在各主要城镇商业服装品牌占拥有大量完全相同的店面的连锁店品牌的大多数。这些商店的服装系列和室内规划通常会参考优质时尚品牌，并且不断地更新换代。但由于此类商业活动的时代感较强，内部装修很容易让人厌倦和过时。所以，这些商店的室内设计风格各异，借助于材料、照明和图样来制造效果。商业空间设计师和营销专家共同致力于营造商店的同一感及加大与品牌核心理念的密切度。在严重饱和的市场上，在风格和价格上具有竞争力是成功的关键。

连锁店

指同一品牌名下在不同的地点实施相同的经营方式的代销店。

= 美国纽约的TOPSHOP商店

设计者
= DALZIEL AND POW设计咨询公司

日　期
= 2009

Topshop是英国最重要的商业时装商家之一。2009年它的纽约旗舰店的成立，标志着它向全球品牌的转变。Dalziel and Pow在空间设计中融入了非常无畏和自信的元素，成功地把这一品牌打入美国市场。

: 芭芭拉·休兰尼斯基(BARBARA HULANICKI)
"我不愿意为家庭妇女制作衣服……我想为街上的人们制作衣服……我一直在努力把价格降低，直到低到极限。"

销售门类 家居

　　消费者文化是于第二次世界大战结束后不久的**20世纪50年代**在美国出现的。广告宣传的焦点是要诱使妇女们结束代替作战的将士们在工厂里工作，重返家庭。郊区的家庭主要以妇女为中坚力量，厨房的一些装置和设备因而成了必需品。

　　1951年举行的英国节以庆祝英国的过去、现在和将来为主题，并见证了起源于美国设计但又包含英国传统特色的新"当代风格"的兴起。在戈登·罗塞尔（Gordon Russell）先生引领下的英国工业设计委员会（后来发展成为英国设计委员会）最先提出了在战后数年间设计师将要扮演的角色。"当代风格"面向英国妇女的运动非常成功。家具可以从大街上为数不多的商家买到，而它的设计则完全符合当时在建的、新建的国有房屋和公寓的空间。内部装饰和家居自制品获得了战后英国人的优先关注，因此，对涂料、墙纸、地板和家具的需求为商业的发展起到了积极的推动作用。

家具用品和大众消费

当特伦斯·康伦(Terence Conran)在20世纪60年代早期开始出售他本人的家具组件套装Habitat时,英国人与"扁平盒装组件家具(买主自己拼装)"这个概念有了第一次的亲密接触。康伦的目的是要把他的商用家具系列引入英国市场,以迎合当时英国国内对物美价廉的家具店的渴求。受到法国和意大利北部的市场及商店的影响,康伦的商店成功地将多样化的廉价家居用品带到街头。有些炊具甚至是首次出现在英国市场上。壶、平锅和其他的炊具在店里堆得高高的,就像在欧洲市场的摊位上一样,现在这已经成为广受认可的Habitat的销售理念。

在1974年,西方世界经历经济大萧条之际,Habitat推出了首款Basics系列——价格极其低廉的100件家居产品套装。这个系列一炮走红,不仅为公司吸引了新的顾客群,也帮助公司平稳地度过了经济危机。当这个理念在1982年被再次付诸实践时,Habitat获得了在日本的特许经营权。日本人非常喜欢Basics的理念,并希望以另外一个名字来贯彻这个理念。于是,商店Muji便应运而生了,并且现已成为包装简单、价格低廉、注重再循环和"无浪费"的"杂牌"产品商家中的领头羊。

= **20世纪60年代的Habitat商店**

图为英国第一批Habitat商店之一的室内布局。

: **特伦斯·康伦(TERENCE CONRAN)**
"……一种更好的生活方式应该被普及。Habitat表明了你要把同一个理念贯彻始终,从设计图纸、产品生产过程,再到零售店……这就是Habitat在20世纪60年代所做到的……"

销售门类 家居

IKEA 及组装的诞生

随着对家居设计兴趣的日益增长,对批量生产的系列产品的需求也日益变得强烈。20世纪40年代晚期家具设计的最大革新就是瑞典人吉利斯·隆格林(Gillis Lundgren)设计的组装家具。后来IKEA围绕着这个想法进一步形成了他们的商店经营理念,并且于1958年在瑞典开了第一家商店,旨在销售的大量生产的廉价家具和家居用品。组装家具的存储和装配非常简单,因而影响着销售价格和展厅设计。我们今天所熟知的IKEA商店包括展厅、市场和仓库。这种设计的意图是为了方便顾客在走过长长的过道时就可以把所有的产品和配套家具尽收眼底,以激发其购物欲望。在此过程中,顾客也可以记录他们所中意的家具的详情。不过,在IKEA的店内也有捷径。顺着捷径,顾客就可以穿过卖场——所陈列的产品触手可及,之后直接进入仓库,顾客在这里选择好他们要购买的家具再去付款。这种空间结构是商业发展过程中前所未有的,有效地促进了大众消费和无障碍购物。

高档家居商店

不同于大街上的普通家居市场上的商家,另有家具和家居用品生产商把目标定位在高端市场。他们不仅拥有具备多年前沿销售经验的知名家具品牌和还拥有优秀的家居产品设计师。并且为了突出商品的独特性和高品质,他们将出售的标志性商品像一件件艺术品一样陈列在家居用品区和商用区。

= 美国纽约的DROOG商店

设计者
= MAKKINK AND BEY工作室

日　期
= 2009

  这家商店的设计打破了商业设计的常规，目的是要创建一个室内装置作品展，并且陈列的每件商品都可出售。Jurgen Bey的"蓝之屋"在此基础上更进一步。不仅产品的陈列就好像在艺术馆展览似的，甚至室内设计的某些部分也可以出售。它们可以被直接购买，也可以被量身定做或定制以满足顾客的要求。

? 元素和物体

物体的使用可以增强商业空间的效果。这些物体可大可小，不论新旧，皆可在很大程度上为空间增加个性色彩。目前，设计师们都在使用这些技巧在商业空间内营造品牌氛围。要想更多地了解如何在室内空间利用物体，请参见同系列的其他书籍。

\家居\

销售门类 休闲娱乐

= 美国纽约的REEBOK FLASH 商店

设计者
= FORMAVISION工作室

日 期
= 2002

最近，Reebok进行了自我革新，向消费者展示出一个全新的形象。位于纽约的Reebok Flash 商店在CV2当代美术馆刚刚开业一段时间，出售复古的限量版鞋子。把艺术作为室内设计方案一部分的Formavision工作室担任了此空间的设计任务。

在过去的十年里，休闲娱乐产业获得了飞速发展。不论是有特殊意义还是以销售商品为目的，娱乐活动总能为品牌创造出入主室内空间的机会。任何一次到电影院、博物馆或剧院的外出都会通过商店、酒吧和咖啡店带来一次购物体验的机会。

休闲产业包括运动——运动项目及运动服装；技术——声音、音响和游戏；旅行——运输和旅行社的方式；以及金融——银行及社会进步方面的服务。银行现已离开大街，转到网络。

运动

　　近年来,运动产业采纳了通过商店形象来大力推广其全球品牌意识的理念。运动产业的商业空间陈列的产品为数不多,就像展览会一样,参观者可以在空间里自由走动,与陈列的产品进行互动。空间里到处都是醒目的图形语言,而彰显年轻和体能的主题则清楚地传达着品牌的信息。

　　运动品牌Nike在世界各地设立了一系列的Nike城。每一座Nike城都从它附近的城市来汲取室内设计的灵感。2002年,Reebok在美国的波士顿成立了它的世界总部。Reebok的总部将其品牌特征集于一身,在大街上可以看到Reebok品牌特征设计的每一方面都得到了加强。

? 形式和功能

在空间的功能对设计的影响程度这个问题上,室内设计师和建筑师的观点迥然不同。形式和功能的关系将会在同系列的其他书中进一步详述。

销售门类 休闲娱乐

= 美国纽约的Apple店

设计者
= 博林·采维斯基·杰克逊（BOHLIN CYWINSKI JACKSON）

日　期
= 2006

　　纽约的Apple店是一个地下商场，作为其入口的一个10米高的玻璃通道与街道持平。借助透明的玻璃电梯和楼梯所散发出来的魅力，诱使顾客经由玻璃通道走入地下的商业空间。白天的时候这个通道就相当于一个自然的天窗；到了晚上，它便照亮周围显现苹果标志。精心设计的钢材、石材及木材固定装置及设备共同营造出Apple尖端技术的完美背景，使得该店成为纽约街道上一栋标志性的建筑。

技术

随着科学的不断发展，家庭及办公科技得到了很大的提升，各种家用、办公产品已经成为了人们不可或缺的必备物品。诸如手机、游戏机、MP3播放器以及家用电脑等产品席卷各大街道，从而促成了一种面向充满技术思想的年轻人市场的新型商店。这些品牌中有很多都是全球性的，需要在各个层面上都具有深厚吸引力的内部空间和图形语言。

现在手机也成了一种主流必备品。手机商店在大街上随处可见，并通过咨询区、展示陈列和品牌信息为顾客提供个性化服务。消费者与技术同步更新的需求意味着手机要定期进行升级换代，这样才能保持市场的坚挺和竞争力。

一直以来，Apple Mac电脑都是职业设计师的首选工具。1998年，iMac电脑刚一上市便成为历史上最为畅销的台式电脑。2001年，iPod被首次推向市场，成为主要的MP3播放器，为其他生产商开了先例。同年，Apple在旧金山和华盛顿特区成立了自己的第一家商店。现在Apple的店面遍布世界各地，有力地巩固了其品牌地位。针对现代技术而言这些店面都是大变革，注重创建与用户友好沟通的氛围，以及提供试用及检测产品的环境。作为整体商店概念的一部分，这些店面都配备了儿童区、"创意"酒吧、电影院和问题解决中心。

: 詹姆斯·加德纳（JAMES GARDNER）
"59号街第五大道上通用汽车大楼前面的新广场是城市设计的一大亮点……突然之间，纽约便拥有了一片将会为市民带来骄傲和审美情趣的全新的公共空间。"

销售门类 休闲娱乐

= 荷兰勒斯登的PORSCHE展厅

设计者
= QUA公司

日 期
= 2004

位于勒斯登的保时捷展厅的新设计是为了反映出这一品牌的激情和情感。在保证陈列室里有尽可能多的车辆被展示的同时，该店面还带有休息区、酒吧、工作室、商店、前台和发货区。这样的设计表明了保时捷丰厚而飞速的发展史，车辆的奢华，至臻的技术和工程品质，以及人们对保时捷品牌的热衷。借助于长形的低底盘车身以及黑色、金属色、白色的巧妙搭配，使该设计强调了车辆优美的曲线和保时捷品牌高性能的材料与精湛的技术。

旅行

汽车行业的交易方式正在经历着巨大的变革。人们所熟知的汽车陈列室和前厅正在消失。今天，汽车生产商都跳上了品牌化的"列车"，努力为顾客营造商业体验。与旗舰店配套出现的还有展示空间、咖啡馆和饭店。如今，买一辆车就等于在买一种生活方式，而不是仅仅购买一个让你从A处到B处的商品。据估计，汽车销售的将来会是向特定市场的客户展示汽车，而不是开设实体展厅来进行销售。这种理念就导致了购买行为的网络化。这一巨大的转变将见证汽车展厅从大街上消失。汽车的销售将会更多地以大众为中心，在销售技巧上也不再像过去那样雷同了。

旅行销售的其他方面与假日市场密切相关。虽然在大街上依然可以看到旅行社，但更多的假日购物是在网上进行的。顾客可以从大量的数据库中搜索有用信息，并且以比大街上便宜很多的价格来购买计划中的商品。诸如www.lastminute.com的网络公司已经以顾客的利益为出发点对假日零售业进行了改造。

金融

目前金融行业经历了两大转变。其一是街道上的银行和其他产品销售的合作。比如，在英国，Santander和Costa Coffee现在有着共同的销售空间，让顾客感受到了一种特别的生活方式；其二是网上银行业务和网络购物的兴起。这对银行系统产生了直接的影响，在使得银行更方便地服务大众需求的同时，也导致了大街上很多银行网点的关闭。剩下的银行和其他的商家已经改变了它们的面貌，以便更加能够吸引大众，表面上看已经不那么的正式和传统了，现在主要都依靠自助服务。

: F.沙泰勒(CHATEL, F.)+R.亨特（HUNT, R.）
"未来的汽车销售必须进行彻底的改革，否则'梦想'就无法继续……那么现有的汽车展厅会怎样呢？就期望它像截至2004年的时候英国大街上的银行一样稀少吧。"

销售门类 学生案例分析

项 目
= 市集

设计者
= 叶卡嬅琳娜·斯拉特尼科娃 JEKATERINA ZLOTNIKOVA
斯蒂芬妮·哈里斯（STEPHANIE HARRIS）
安哥里奇·伊奥安努（ANGELIKI IOANNOU）

日 期
= 2009

学生们要设计一个能够融合周围地区不同文化和历史的市集，使其成为通过当地的农产品贸易来探索可持续社区概念的媒介。通过这市集，在消费者群体间搭建起社交沟通的桥梁，并在探究空间的易逝性本质的过程中改变现有建筑，以恢复其原始用途。

学生们仔细考虑了照明和色彩，把市场和产品作为设计灵感的源泉。他们也仔细考虑了用料，只使用那些和本地的氛围相协调，并且本地出产的材料。

他们通过城市分析、建筑的几何和结构分析、照明分析和工效分析仔细研究了市集的不同部分。另外，学生们也在他们的意识中嵌入了图案、阈值、人口移动和人口分布。他们找到了一种方法来思考人类占用空间的易逝性和人类存在的临时性以及如何使这一切让设计过程变得更充实。

调查、分析和概念发展构成了这个设计项目的基础，而消费者一直都是整个设计方案的核心。

= 市集上的摊位就是消费者互动的地方。
设计者：叶卡婕琳娜·斯拉特尼科娃

= 花园在建筑群的中心，完全露天。在这里可以种植农产品再去市集上出售。
设计者：安哥里奇·伊奥安努

? 现在假设要求你设计一个富有弹性的市场空间。

1. 这些空间在世界各地都是如何被利用的？你的设计着眼点在哪里？这会对特定的商户有什么影响？

2. 你是鼓励还是反对约定俗成的作法？你将怎样去实现它？

3. 你认为这个空间会吸引特定的人群吗？你将如何让其他的群体更容易走进并更喜欢这个空间呢？

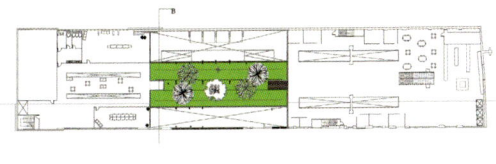

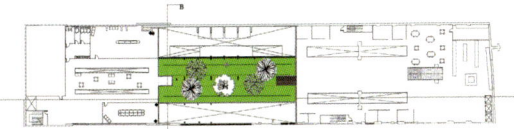

= 这个构思体现了以步行速度为基础的客流——在市场摊位周围的参观者的步行速度是缓慢悠闲的，但他们围绕着建筑侧面走的时候步速就很快。
设计者：斯蒂芬妮·哈里斯

商业场所

就地点和类型而言,可用空间的选择范围很广。自20世纪80年代的商业繁荣以来,开发商们竭力寻求各种方法来利用工业荒地或对废弃空间进行革新,以满足特殊地区商业发展的需要,这些地区,要么远离市中心;要么需要对已有的购物区进行连接;或者要建立一个革新项目使得一片荒芜的城区重获个性与生命力。商家通过他们对场所的选择影响周围的环境。他们也有责任依据当地在发展规划方面的限制,考虑对当地贸易的影响,还要估计到他们的定位可能会引发的噪音和交通拥堵问题。

本章主要审视了从大街到购物中心可供零售商使用的场所,并以一次性否决的方式探讨了一系列设想方案。由于受到周围环境及其自身性质的影响,每个场所的设计方案都各有不同。

062/063

商业场所　百货商店

　　购物作为一种休闲活动，是在19世纪随着英国百货商店的兴起而流行起来的。有史以来，量大而种类繁多的产品随着英国百货商店开业，第一次出现在"同一屋檐下"。

　　在百货商店之前，商店都非常注重专项经营，并且价格昂贵，成交量很低，但各类杂项开支却很高。布料商家逐渐认识到食品店向大众出售产品的方式也适用于纺织业。由于新生产品的不断增加，店面设计也一直处于变化和完善的过程中，这就使商店变成了一种至今仍然存在于我们生活中的复杂空间。后来，楼房的建设更加注重目的性，其设计风格也变化多样，令人印象深刻。

　　时至今日，百货商店的概念仍然很成功。它涵盖了各种生活方式需要的产品，从时装和配饰，到杂货、家居用品和厨具，再到特色食品。通常情况下，百货商店的室内设计由一个室内设计小组负责，其职责是装饰橱窗、橱柜；设计店铺及特许摊位的布局；制作标志和其他图样；在全店范围内维持一个和谐的氛围体系。

= 土耳其伊斯坦布尔的HARVEY NICHOLS商店

设计者
= FOUR IV公司

日　期
= 2006

　　这个高三层、面积达86000平方英尺的商店，有可容纳100位客人的饭店与之配套，充分彰显了现代西方商业的极致，而土耳其手工艺人用丰富多彩的本地材料和传统技能打造的产品更是锦上添花。设计的细节无一不洋溢着富贵的气息。商店入口的招牌处由釉面黑石和金色雕刻凸饰构成，第一层的地板几乎像水晶一般；女士内衣区因其带有玻璃磨光蝴蝶装饰的中央大吊灯和高级地毯而别有一番趣味。可容纳100位客人的Gilt饭店位于Harvey Nichols商店的顶部。在充满着浓郁的精美传统手工艺品气息的环境中为顾客提供各国美食。饭店凭借其自身的特色已然成为游客们在伊斯坦布尔的必到之地。

/ 大街 /

商业场所 百货商店

= 英国伯明翰的SELFRIDGES商店

设计者
= FUTURE SYSTEMS公司

日 期
= 2003

伯明翰的Selfridges以源自服装设计师帕克·拉班（Paco Rabanne）设计理念的动感外形而闻名于世。该店的内部设计以透光的中庭屋顶为核心，并有自动扶梯顺着楼层蜿蜒而上。这家百货商店可谓是现代商业大楼的完美典范。

入口、流通和内部规划

百货商店给人的第一印象来自人行道。由气势恢弘的外观和落地嵌装玻璃构成的壮观门面俯视着大街。橱窗陈列方式与顾客的感情产生共鸣，并定期进行更新，展示着当季最新的款式和必备的商品。

百货商店通常有好几个入口，以方便顾客进出。在大多数情况下，进入百货商店的行程是从配有通向各层的楼梯或电梯的中央入口的门厅或中庭开始的。中庭通常令人震撼并宽敞明亮，起着作为聚集地点或者环游商店起点的作用。传统的楼梯受巴黎的商店影响是弯曲的、华丽的。但在今天，通常以自动扶梯取代原来的楼梯，也有电梯可达每一层。过道都很宽阔，并设有清晰的路标。每一层都体现了设计者的战略眼光，在特许店铺旁边设立了结算区和试衣间。楼内也为顾客提供了进餐、会面和休息的空间，以此作为购物活动的尾声。

新型的百货商店大楼仍然以传统的布局为基础，注重中央流通空间并依赖特许商的鼎力相助。这些大楼依然是不朽的地标和社交的理想场所。

特许摊位

百货商店的销售空间被分成若干个特许摊位。这意味着基本每一处空间都被出租给不同的商家。如此一来,不同的时尚标志便有机会在同一个商店里各显神通,百家争鸣。百货商店因而也就成了一站式购物的地方。商家的设计小组负责落实这些特许店铺的构思;空间设计也要与商家所属品牌及这一品牌的其他商店保持一致,以维护品牌的同一感和连续性。

每一个特许店铺需要有自己的收银台、商品陈列台之类的展示元素、桌子和墙面装置。还必须考虑和相邻的店铺及过道的交界处。图样和标志是用以区分不同店铺的重要依据,同时也宣传着各品牌的优势。这些都有助于顾客的观览。商家通常按其产品类型和彼此关系被分成组。因此,某一品牌或某些品牌的名声就会把目标顾客群吸引到百货商店里来。

= 特许店铺方案

该图中显示的空间虽然有限,但却被最有效地加以利用,在规定区域内展示了很多待售产品。

商业场所 大街

商业街在任何一个城镇或城市里都是最繁华的中心区。这些大街通过胡同、拱廊商场和百货商店彼此相连，通常因其不同的建筑风格而各具特色。

依据一座城镇或者城市在最初规划和建造时的时代特征，商业街的形式也各种各样。比较陈旧的城市可能会拥有非常庄严却风格迥异的建筑，而且每一处楼房都需要进行登记，结构变化方面存在着诸多限制。历经了时间的洗礼，比较陈旧的城市的布局也会显得更无序、散漫。新的城市和城镇在制定它们的城市规划的时候更有组织性，商业区会被清楚地加以标注，与之相适应的建筑也并未给人带来紧张感。商业街上的商家可被粗略地分为以下几类：精品店或者本地商家、百货商店或者连锁店。在大多数情况下，精品店和本地商人经营的是比较小

：雷西德·丁
"途径简单，产品便宜，经营方式也在行业内受重视——应时而生的比专营性的百货商店更能瞬间吸引顾客、又十分便捷的零售店。"

的店面，设置在连接大街的胡同或者拱廊商场。百货商店位于最大的建筑里，而连锁店则可以选择这两者中的切实可行的规模和形式。

连锁店

在西方世界，我们今天所熟知的商业街经常因其地点不同但特征一成不变而受到遣责。很多人认为这是由于连锁店在迅速地摧毁现有的独立商家造成的。从这座城市到那座城市，商业规划如出一辙，抹煞了不同地方所特有的文化及地域性风格。

连锁店作为可替代百货商店的商业类型，以低廉的价格出售批量生产的产品，因此很受工薪阶层欢迎。Woolwor-ths是第一批被记录在案的连锁店之一，他们的第一家店于1879年在纽约落成。然而，经过了120年的发展，因其无力与网络商业继续竞争，Woolworths最终在2009年关门停业。得益于全球化、进出口的便捷以及旅游的盛行，今天连锁店已遍布世界各地。

在前面第2章中提到过，连锁店的设计需与当前的设计潮流保持一致，并从超级时装店获得设计灵感。然而，连锁店倾向于使用比较廉价的材料进行装饰。内部构架通常在支撑六年左右便被彻底重装，但在此期间室内的颜色和图样也经常更新。就内部装修而言，连锁店有三种成本水平：高消费、中消费和低消费。采用哪一种要视连锁店的位置而定。商业设计师在把内部的绘图集结成册的时候会考虑这三种选择，并会为这三种选择逐一提供可选用的方案和材料规格。但不论在什么情况下，总会有一套可以确定的选择方案来适应整体设计计划，通常这个方案可突出主要建筑特征，比如收银台、备餐区等的设计风格。

\ 百货商店 \ 　　\ 购物中心 \

商业场所 大街

铺展

这个术语被用来表达室内草图副本是一系列不同区域的组合的概念。虽然为了反映出不同场所的特质也许会对室内设计稍作调整，但设计构想所奉行的原则是不变的。

= **HMV概念店**

设计者
= **DALZIEL AND POW设计咨询公司**

日　期
= **2009**

  这家HMV的连锁店看上去要把"新一代商店"的概念融入到众多不同的场所里，从街头到购物中心，再到广场，这个概念体现了HMV未来商业发展的蓝图——将实体特征与数码特征完美结合，带给顾客一种超级震撼的体验。在商店的前面是一个一站式的店铺，陈列着最新的唱片，并用排行榜来辅助产品促销。继续秉承着为顾客提供更多便利的主题。IMacs还有一个社交"中枢"可供顾客浏览网页。

商业场所 大街

拱廊商场

作为一个购物、社交、娱乐和政治应酬的公共场所，拱廊最早出现于法国革命后的巴黎，它当时被称作"皇宫"。通常情况下拱廊可被定义为在玻璃和钢架屋顶的遮蔽下，为购物街之间起到连接作用的通道。拱廊商场的布置方式多样，两侧都有成排的商店，上方有储物空间。拱廊商场的概念可追溯至中东市场里的通道，商场是为小商家、设计师、生产商提供空间的传统方式。拱廊的建筑风格极其富丽堂皇，至今在西方世界各地仍有许多典范。拱廊最显著的特点之一便是它的玻璃中庭，不仅带来自然日光的照射还起到了连接室内和室外的作用。每一个商店的门面都有着相同的建筑细节，商家们必须在图样和标志方面遵循整体的设计风格。

> J.F.杰斯特（J.F.GIEST）
> "如果说附近的大教堂代表着耶稣的存在，那么拱廊便代表了资产阶级社会的'万神殿'——里面永远是人声鼎沸。"

= **意大利米兰的GALLERIA VITTORIO EMANUELE II 商场**

设计者
= **吉塞皮·曼哥尼（GIUSEPPE MENGONI）**

日　期
= **1877**

这个拱廊是有遮蔽的公共长廊里最典型的模式之一。这栋十字架的形状的建筑建造于大教堂和Scala歌剧院之间，位于米兰的市中心。该图显示出对细节的关注，设计整齐的店面，以及从上方带来自然日光照射的中庭等都很经典。

商业场所 购物中心

　　购物中心模式于20世纪50年代由美国开创。购物中心被建在城市的郊区，有足够大的停车场和服务区，以满足顾客可能产生的各种需要。多年来，购物中心一直因为将城市变成了"鬼魂之城"而受到谴责，这在美国尤为明显。

　　在英国，很多购物中心被建在城市的中心，并设有引导客流进进出出的街道，因而成为购物区的巅峰之作。早期购物中心通常是混凝土结构的建筑，令人非常压抑，氛围也不友好。现在，很多购物中心的内部具有壮观的中庭和装有通风窗的玻璃钢屋顶，透过中庭的屋顶，日光可以直射到室内。购物中心的设计和建立是体现建筑师、景观设计师和室内设计师之间通力合作的一个典型案例。建筑师负责楼房构架、所有通道和空间划分；景观设计师专门从事中心内外的绿化，而通常专注于商业设计的室内设计师通过阶梯、照明、装饰、座椅和图样让整座建筑充满生命力。室内设计师的职责也包括对商业单元的装饰。

流通和规划

在商场里的购物体验从便利的停车场开始。停车场有的设置在大楼的地下,有的设置在大楼的后面。一走进大楼,标识和图样在顾客行走的过程中便起到了主要的指引作用。地图和悬挂的横幅清楚地映入眼帘,彰显了购物中心的品牌氛围。有些购物中心由一排排规整的商铺构成,但大多数都是十分散乱的或是环形排列的方式。很多的购物中心占据了好几层空间,顾客可通过自动扶梯和电梯上上下下。过道很宽阔,过道上的绿化物和座椅则把空间分割成不同的区域。店面通常都是面朝过道,有时候也很醒目地凸出去以吸引顾客的注意力。

购物中心一般包括很多规模不同的店铺,每一端都有"锚"店(又称"关键店")。"锚"店是典型的知名百货商店,他们占据了购物中心的一大片空间,是吸引顾客在中心内川流不息的磁铁。有时候"锚"店是一个电影院或者保龄球馆。这些都为顾客外出购物的时光增色不少。一支精良的服务队伍和大量的座椅通常是一个饮食区的主要特征。购物中心里每隔一定的距离就会设有洗手间、自动取款机和咖啡馆。有时候购物中心会设有托儿所,洗手间里有婴儿更衣室,餐厅和咖啡馆里有高脚椅,因此,购物中心也适合全家一起光顾。

? 韵律

一栋大楼的结构体系有助于创造一种次序或者韵律。一系列重复出现的元素可以帮助营造这种韵律,或者可以用一个不寻常的物件来与韵律形成对比。想了解更多关于韵律的内容,请见同系列的其他书。

商业场所 购物中心

= 波兰华沙的ZLOTE TARASY购物中心

设计者
= THE JERDE PARTNER-SHP责任有限公司

日 期
= 2007

购物中心为城区注入了鲜活的生命力。位于华沙中心的Zlote Tarasy是一个多层次、多功能的购物中心,不仅起到了连接城市的作用,还创造了一个当地城区改造再发展的模式。该设计的灵感来自华沙历史性的城市公园,配以波状起伏的玻璃屋顶、整齐有序的平台和宽阔开放的空间。

商业单元

购物中心里的商业单元都直接与大环境相结合，不必调整空间内的建筑元素。如果购物中心不是新建的，原有的陈旧构架首先要被拆除，但这里所说的构架都是非结构性的。建筑元素都是为了特定的目的而建，包括为发货和服务提供一道后门；在紧挨着发货门的地方提供充足的储物空间；精心地连接地下通风管道；配备非常便利的电气连接设备，并在屋顶或者窗外装有空调。商业单元的设计必须获得购物中心管理小组的同意，也必须遵守中心的设计准则和常见的建筑物规范。店铺正面的设计是整个设计方案中最有争议的部分，因为与其他商家紧密相连又不能对他们的展示造成任何妨碍，有时还必须把购物中心内非常显著的建筑细节包括在内。商业单元里很少有自然日光照射进来，因为作为日光惟一来源的购物中心屋顶也被遮蔽掉了。所以，人工照明在整个的单元设计中起到了非常重要的作用。

商业场所 城郊购物

= 一个典型的零售商店

图中所示为一个典型的零售商店，带有部分顶棚，店铺的正面和标志都非常醒目地突出在人行道上。

城郊购物远远超出了购物中心的领域。很多乡村呈现这样的景观：时不时就有大型的与货仓类似的大楼拔地而起，里面装有不计其数的待售商品。城郊购物的优势在于更加便利。因为城镇和城市里通常停车场的空间很有限，而且会遭遇严重的交通拥堵问题。

城郊购物为顾客提供了非常充足的停车空间，而且其位置通常是紧挨着大路。然而，它的负面效应就是这些建筑对乡村的影响以及使具有自然美的区域日益减少。有些贸易商天生就适应城郊的商业空间，这些空间可进一步分为零售店或者零售村、商业园区、超级购物中心和巨型超市。

: N.K.斯考特（N.K.SCOTT）
"城郊购物中心、城郊商业园、休闲中心、大学或者任何其他形式的人类活动，都是我们这个时代所特有的。原因很简单，就是内燃机的发明所带来的结果。"

零售店

　　零售店或者零售村有的是露天的,有的在商场的地下室,其装潢设计围绕着购物中心的理念。零售村包括一个主要的饮食区和与大型的商业单元所匹配的公共便利设施。这些单元和货仓类似,通常是砖和钢建造的,带有与店面等长的玻璃门面。商家利用这些空间以折扣的价格出售过剩的库存。这些单元内部装修的预算很低,不会费心去掩饰空间里的工业气氛。商家自身的品牌元素将会通过图样、固定设施和终端装饰等加以体现。

商业园和陈列室

　　对于有些商家来说,城郊交易场所是他们产品的最理想的选择。诸如家具和DIY器材、汽车、家电、户外活动和园艺设备等大件物品都会在发货和存储上受益。仓库般的空间可以很好地展示大件物品并营造例如配套家具的生活空间,促使顾客萌生购买该产品的渴望。得益于开放的空间方案以及便于调动库存的宽敞的店前空地,这些商业单元也是很好的汽车展厅。

商业场所 城郊购物

= 位于荷兰Leude的PON CATERPILLAR 展厅

设计者
= QUA公司

日　期
= 2003

　　这个设计项目包括更新CAT的品牌形象、确立品牌价值，并把这些价值应用到一栋新大楼的建筑和室内设计中去。这栋大楼包括一家CAT店铺以及全世界惟一的Caterpillar推土机展厅。

> **? 可持续发展**
>
> 在蓬勃发展的商业世界，设计师特别关注他们所使用的材料和资源。回收利用和再循环以及可选用的取暖、降温方法只是设计师用以减少他们破坏环境的一些途径。可持续发展和环境的话题将会在同系列的其他书中予以详述。

超级购物中心

"超级购物中心"是用来描述超大规模的城郊商业购物中心的名词。超级购物中心为顾客提供数千个车位、好几家"锚"店以及运动场所、多媒体放映厅和一些乡村的水上公园等娱乐设施。营业时间从早晨到晚上，节假日不休。超级购物中心是购物中心的衍生物，因此，购物中心里所有的设计规则和通道模式都适用于超级购物中心。

巨型超市

巨型超市是由超市连锁店创立的一个概念。巨型超市通常位于城镇或者城市的边缘地带，在市中心和人口集中的地方设有较小的"派送店"。巨型超市是超级市场更大规模的版本，在同一屋檐下存储着极为丰富的物品。巨型超市所在的大楼都有着仓库般的产业规模，产品范围从日用杂货到服装、家电、家居用品和园艺用品，应有尽有。超级市场连锁店大批量买进货物，进货价格因而比较低廉，然后他们又把所享受到的部分折扣转移给顾客。巨型超市和超级市场一样看似散乱但又有秩序，所有过道上的产品都堆得高高的，并依据产品类别进行区域划分。有些巨型超市占据了两层或者更多楼层的空间。推着购物车的顾客们可以通过又宽又长的斜面自动人行道在不同的楼层间穿梭。

商业场所 广场

哪里存在既有时间，手头上又有购物资金的顾客，哪里就有商业空间。随着旅游业的发展，销售机遇也随之而来。

广场为商店创造了向去往某地的过路客提供选购特许经营品的机会，有时候24小时营业。火车站、飞机场在站台和入口之间有着巨大的空间，是商家理想的首选位置。广场也有助于品牌成功走向国际化，因为商家面对的都是来自世界各地的顾客。

广场上的商店结构很简单。有些独立于广场的中央，四面都有玻璃作为橱窗，还有一些商家则沿着墙体用框架彼此隔断。商店在下班之后为安全起见通常拉下卷帘门。为最大程度地保证安全，商店的存货经常被锁在别处的独立储藏室里，有些商店会选择在晚上搬动商品。

火车站

火车站的商店经营适合与旅行或者礼物相关的某些特定产品。在一些较小的城市,当地的贸易发展态势良好,因为火车站通常是旅客和当地建立关系的起点;也是旅途的起点或者终点。在大多数的火车站,人们经常能看到某一知名的药店、文具店、快餐品牌和咖啡店,不管他们的规模是大是小,都能向通勤者或者度假者提供必需品。在规模更大、更加现代化的火车站,广场已经为旅客打造了真正意义上的全方位购物体验。有时候,火车站就在站台出口处引导人们走进一个购物中心。

加油站和服务站

服务站通常建在主要的机动车道旁边,为疲惫的驾驶员提供一个休息的场所。服务站因拥有一个垄断性的市场,经常提高价格,因为他们没有直接的竞争对手。服务站所提供的产品及服务的种类、质量各式各样。大多数的服务站会设有一家店铺来出售快餐及必需品,但店铺的主要收入来自食品和饮料的销售。就像火车站和机场一样,这里的快餐店通常也采用餐厅式的就餐风格。

近几年来,加油站已经和其他商家,比如快餐店或者咖啡连锁店建立起合作关系,把汽油的销售和加油站空间内的潜在商机有机地结合在一起。这项举措的初衷是为了应对大型的超市连锁店出售价格低廉的汽油,是为了把顾客拉到加油站的一次尝试。

机场

今天的机场设有如同购物中心的商业区。成排的商业单元遍布宽阔的机场大厅,其中不乏众多知名品牌。机场的商品以前是免税的。但自从这项优惠被取消后,机场不得不改变经营策略,努力为乘客提供满意且难忘的购物体验。过去机场是旅客以优惠的价格购买香水、香烟和酒的传统地点。现在,机场已经成为在目的地购物的典范。整个的终点站充满了浓烈的品牌氛围,成就了一次特殊生活方式的购物体验。若想锁定机场里的顾客,就需要了解路过的乘客类型。

例如,长途航班汇集的终点站必须能够迎合不同旅客的文化和需求背景,能够随机应变,巧妙地调整产品及陈列方式。

商业场所 广场

= 英国曼彻斯特机场的BIZA 旗舰店
  免税店

设计者
= HMKM设计咨询公司

日　期
= 2008

HMKM接受了为Biza设计一个以顾客为中心的品牌形象和装饰环境的任务。Biza立志"从根本上重塑英国机场的购物体验"。他的设计构想首创于曼彻斯特机场,也将被应用到Newcastle和East Midlands的机场。HMKM清楚地意识到顾客的需求和机场环境的重要性,成功地营造了一种独一无二、振奋人心的新体验。他们的整体方案包括对顾客流、材料和色彩的设计,以及对当代员工的着装要求的全方位关注。这是对之前的"Alpha机场购物"的一次重要的彻底的品牌创新。改变了人们在免税环境中的购物方式,营造了一种在百货商店购物的感觉。

: 雷西德·丁
"机场具备了了解顾客们是谁以及他们将何时通过安检门的优势;机场人员能得天独厚地从机票销售、护照信息和航班目的地获悉顾客的性别、年龄和国籍。"

商业场所 替代场地

零售场地不是孤立的，它可以与活动或者展览结合在一起，通常是设在画廊里标志着参观结束的终点。

与本章里提到的实体场所一样，商业销售也可以在家里发生。"家目录"已经存在多年，但是随着过去十年里对因特网使用的日益增加，大多数的商家也开始在网上出售商品。这一小节在对这些网店进行概述的同时，也阐明了网店如何填补商业市场空白的经营模式。

画廊和展览

在任何时候到主题或者休闲公园游玩、观看展览或者参观艺术画廊的时候，旅途的最后必然会有家商店诱使你为这次活动投点资或者带回家一件纪念品。这些商店主要出售非常有特点的产品，以强化活动的品牌效应。商店的设计都非常个性化，便于迎合产品类型和观众的需求。就展览而言，商店的布局大都是临时性的，要频繁地变化，以便和展览相匹配，在设施和产品陈列上也需要有很大的弹性。

大型的知名博物馆和艺术画廊正开始把他们的品牌从大楼里移到大街上，在各大城市里，以市中心百货商店中的特许店的形式向更多人出售他们的产品。艺术画廊正与大型书店进行激烈的竞争，竞相成为艺术类图书的最佳销售场所。这种趋势见证了休闲娱乐产业史无前例地向着商业大跃进。

虚拟购物

因特网无疑是虚拟购物现象的催化剂。消费者每天24小时都可以登录虚拟商店，在他们安全又舒适的家里几乎可以购买全球范围内的任何东西。购物不仅仅可以在电脑上进行，电视上或者手机上同样可以。不需要任何的实际空间，非实体店储存的商品，可以随意订购。

几乎所有具备规模经营的商家都为消费者提供了下订单后数日内送货上门的网上购物场所。低廉的经营费用也就意味着有大批量的独立商家在网上进行交易。网站设计对于虚拟购物来说至关重要，应该具有使用亲和性并清楚地阐明品牌。搜索引擎对于网站的"点击率"意义重大，因为所有的商家都希望他们的网址位于搜索列表的顶端。送货服务对于赢得回头客也非常重要，毕竟便利是网络购物的核心所在。

虚拟购物的出现引起商家对是否真的需要实体店的质疑。要回答这种疑问，就要理解人类的心智并明白便利购物与趣味购物的差别。另外，实体店购物能够通过某种方式，比如试穿衣服、触摸织物的质量来吸引顾客的感官，而这些却是虚拟购物无法达到的。

? 选址
商业空间的选址对于空间本身以及如何利用空间有着重要的影响。这些影响将会在同系列的其他书中进一步详述。

\ 替代场地 \

商业场所 学生案例分析

项 目
= FENDER 连锁店概念

设计者
= 法西罗·阿兹哈·默罕默德
  (FAHIROOL ADZHAR MUHAMAD)

日 期
= 2009

该项目是对一栋现有的英国摄政时期风格的大楼进行改建,把它转变成仪器制造商Fender的一家概念商店。为了能够理解这栋现有的大楼及其内部结构,首先,必须对大楼的风格和历史进行调查。其次,必须认真分析大楼的几何尺寸和结构以及周围的景观对它的影响。一旦这些信息被搜集齐全并精简提炼,新的室内设计就可以非常有效地进行了。

最终的室内设计方案非常重视所使用的材料质量以及如何改进空间内的音响效果。

? 假如要求你对现有的一栋大楼进行室内设计。

1. 你需要怎样来理解一栋大楼以便设计出成功的室内布局?
2. 在设计的初期你需要怎样进行类型分析?
3. 你将怎样通过室内布局来改进一栋现有的大楼?
4. 你将和什么样的专家一起合作收集大楼的数据?
5. 大楼的哪些区域可能会受到建筑物规划及规程的影响?

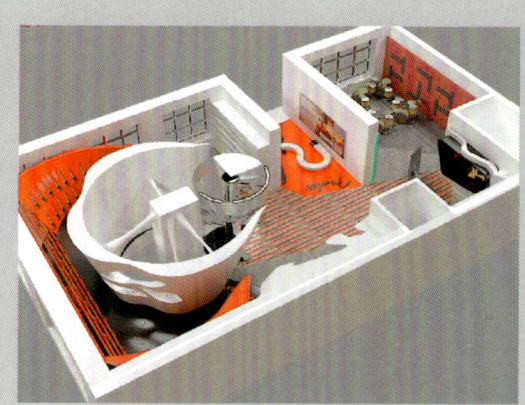

= 声音的垂直循环集中在中央楼梯上。

088/089

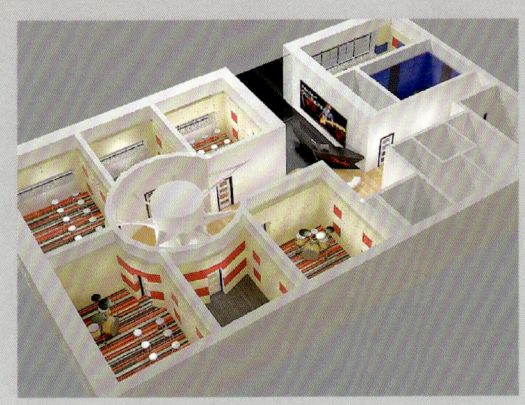

= 所使用的优质材料极大地改进了空间的音响效果。座椅的设计灵感来自于声波的形状。

= 吉他和其他仪器被以最好的效果展示在一层，用以吸引街上的顾客径直走进商业空间。

商业环境

在商业环境中,有很多因素影响着顾客的感官,比如视觉、听觉、味觉和触觉。这一切都是通过材料质地、人工照明、室内氛围和空间的音响效果产生的。设计师理应敏锐地感觉到构思方案和建筑对环境的影响,并尽可能地把浪费和能源损耗降至最低。虽然并非所有的事情都在设计师的掌控之中,但在设计过程的最开始就考虑到此类问题,可以进一步将随之而来的环境风险降到最低。

本章就商业建筑对周围环境的生态影响提出了疑问,并针对这些问题提出了相应的解决方案。

090/091

商业环境 商业和可持续发展

商业世界与消费的关联经常是一个颇具争议的话题。商业离不开大批量出售，为了实现这一点，大批量的生产制造就成了整个商业发展的核心。从能源的角度来看，这将消耗掉大量的材料和地球资源，并排放出对环境非常有害的二氧化碳。很多厂家都在开始关注这些问题，尽量使用有机生长的材料和危害较小的生产、销售过程，但在这些问题被真正解决之前，我们还有很长的一段路要走。

一般来说，建筑环境和浪费有着密切的联系。随着租户的变化，商店的室内结构也不断被拆除翻新，或者每五到七年就重塑一个新概念。另外，在建造的过程中，材料如果没有被充分利用就被浪费了，最后因未被回收利用变成了一堆堆的垃圾。作为设计师，我们的部分职责就是要考虑所选用材料的可回收性或耐用性，或者是否可以直接使用回收的材料。设计师和承包小组可以共同努力消除浪费，并考虑如何把剩余材料或者回收材料另作他用。

就能源损耗的角度而言，作为设计过程的一部分，电气工程师和机械工程师会仔细研究装置的效率，并制作文档向顾客描述如何正确地使用设备。通常是由于对这些建筑和设备的不正当使用才导致了能源浪费。

英国建筑研究所环境评审法（BREEAM）是针对绿色建筑的等级进行评估的法规。该评估法首创于英国，现在已被广泛应用于欧洲和世界各地。在商业世界里，评估法的主要作用是对新建筑、大规模装修和租户翻新以及现有建筑的管理经营进行评估。他们审查常规的产品陈列和销售、食品销售和客户服务。评估的目的在于参照一套可以发现主要问题的标准对建筑或装修进行测量并打分。设计师及其团队现在都以BREEAM为工作准则，这反过来有助于他们全面考虑环境问题。

对商业以及商业环保责任的分析可分为三个方面：建筑框架、室内装饰和建筑的能源消耗。

建筑框架

当考虑一栋建筑的室内设计的时候，实现可持续发展的关键就是从室内框架和所选用的材料的角度去考虑。首先要考虑是否真的有必要改变框架。它的现状可以继续发挥作用吗？如果答案是否定的，那么一定要慎重，尽量只做稍微的调整。任何的框架工程，比如建造墙壁（包括非承重墙）、地板漆和天花板涂饰，都被视为室内建筑的一部分。尤其是比较陈旧的房屋可能在过去经历了多次的结构调整，因此务必要使正在计划的室内改建一步到位，这样在以后很长的一段时间里就不必再有任何变动了。要想达成这一目标，关键是要把室内结构简单化，这样固定设施和设备就能够以其为中心进行调整。充分考虑建筑框架的使用期限有助于延长新设计的有效寿命，减少中间的重建工作量，从而保护环境。

地板材料的使用可以依据上述原则。例如，如果铺设得当的话，水磨石地板可以使用20年之久，因为它的外貌中性并且耐用。利用木材来铺设地板也就意味着回收材料是可以再利用的。木地板很容易留下印记或者凹陷，但和水磨石地板一样，它也是耐用和中性的。

尤哈尼·帕拉斯马 (JUHANI PALLASMAA)
"我们通过身体的各部分去看、触摸、听和测量这个世界……我们和环境之间的对话与互动从未间断，甚至到了不可能把自我形象与所处的实际空间及情景进行分离的密切程度。

天花板的表面是内部构架的一个重要因素，因为它内置了很多必要的电器和机械元件。天花板表面也可以被看作一个在设计上必须有足够的弹性来适应不断变化的室内概念的固定元素。最难处理的是照明装置的定位，因为这些装置可能会被移动以适应新的格局变化。

就可持续发展而言，现有的内部构架保存得越完整越好。必须将重建的工作量最小化。

再利用
就可持续发展而言，旧建筑再利用比创造新建筑更可取。旧建筑也可以作为连接我们的文化遗产和集体回忆的重要纽带。建筑的再利用及其对环境的影响将会在同系列的其他书中进一步详述。

/材料/

商业环境 商业和可持续发展

: 6A建筑师组合
装饰用的穿孔不锈钢覆层透露出一种处于映像、透明和不透明三者融合的朦胧质感。这个覆层通过穿孔显示出它的内部结构，在表面上反射出周围的环境，因而成为一个变化莫测的装置。

= 英国伦敦的K-SPACE 概念商店

设计者
= 6A建筑师组合

日 期
= 2008

K-Swiss是一个以鞋类著称的全球性运动装品牌。这个品牌积极地支持和推动文化活动的开展，尤其是现场音乐会及展览。他们的主旨是营造K-Space——在这个空间里，可以把最新的以及经典的K-Swiss产品与其他代表相关品牌价值并在文化上联系密切的物体（比如CD和书）并排展示。K-Space空间的核心功能就是一经通知便随时可以从正在运营的商业空间转变为音乐或者艺术活动而开放的无品牌空间。不论是永久的还是临时的空间，他们的装置都采用了图书馆档案存储系统。经过特殊设计的五个单元用来将展示和存储进行有机结合，通过滑入式通道可展示或者隐藏产品。

摄影师：戴维·格兰道治（David Grandorge）

室内装饰

室内装饰部分，即对室内概念和布局起到制约作用的固定设施和设备，经常每五至七年就替换一次。这只不过是因为自身已经磨损，不一定能满足新室内构架的概念要求。有些可以被翻新和再利用或者修整以适应新方案；其余的则直接被扔掉换成新的。降低对环境影响的关键就是材料的选用。例如，可以用回收的材料或者物体建造，或者被重新镀层以迎合新的设计方案。

能源消耗

运营一栋商业单元或者重新建造时所消耗的能源是巨大的。商业建筑重在氛围。有时候照明系统里上百个零件都是12小时通电，有些则昼夜不停。收银台、音乐播放系统和烹饪设施都要使用大量的电，当然，若是食品行业的话还会用到煤气。

从摇篮到摇篮

这个术语用以描述材料的循环使用过程：材料"出生"、被使用、被拆除然后被再利用。

商业环境 材料

适用于商业环境的材料有数百种。有些是创新材料而另一些在商业空间随处可见。就可持续发展而言，尽管需要指出仍有很大一片灰色地带，某些材料还是可以用来减少建筑的碳排放量。

室内设计师的工作离不开研究材料，如测量外观、触感，使其适应室内环境。材料或者试样板首先是被作为概念设计的一部分，设计师要将这方面的情况与客户进行探讨。在每个设计项目中材料规格是被作为设计方案的一部分制定的。说明文档则详细描述了每一种材料规格、供应商和成本，以及材料的生态状况。

有些材料所具有的结构特性适用于室内建造阶段使用。有些材料通过固定设施和设备为室内面貌增光添彩。对于地板方案的选择也是多样的。当通过室内空间的客流量很大的时候，地板必须结实耐用。另外，在选择材料的时候就应该注意到材料的清洁难易度和对抛光外观的承受力。本节将主要描述商业环境中最常见的一些材料。

木材

木材是一种万能材料。根据所选木材质地的不同,可以呈现出各种各样的明暗度。木材可以用来作室内的墙壁覆层、固定装置和家具的建造或者地板装饰。木材有温度,也有瑕疵,这些都可以给空间带来独特的魅力。软木,以松木为主,最常用于木框装置的架构,其外层表面通常会进行抛光处理。硬木,比如橡木、梣木、山毛榉木、胡桃木、樱桃木和槭木,更常用于地板铺设。中密度纤维板(MDF)和硬纸板的使用已经成为很多商业环境的主流。

钢

不锈钢、铝和外表进行涂饰的低碳钢常见于商业环境。钢可以被用在结构建造上,作为店面的釉面框架、固定设施和家具设计的一部分;也可作为墙角处的系统立柱、墙壁的装饰性覆层以及建筑标志的一部分。

商业环境 材料

玻璃

玻璃的种类极其繁多，结构性强。顾客对于室内环境和产品的第一印象是通过店面的玻璃橱窗获得的。为牢固和安全起见，这种玻璃通常是夹层的（多层黏合）。玻璃常被用作搁板、展示橱柜，有时也可用作屏幕。不论是有纹理的还是毛面的，玻璃都可以通过凝胶上色。玻璃可被回收利用。

层积材

将牛皮纸或者印刷纸和树脂一起堆层聚合，然后再在顶部附加一个三聚氰胺包覆的装饰层，就形成了层积材。层积材非常耐磨，常用作柜台表面、墙门和地板的涂饰，就像木材一样。层积材是装饰性的，常被用于景观墙建设和产品展示，以追求新潮效果。层积材便于清洁，经久耐用。

塑料和橡胶

塑料通常以薄膜或者板砖的形式呈现,色彩和光泽多种多样。塑料薄膜主要适合于商店用房的后部和辅助区域使用,因为价格比较便宜而且耐用。塑料板砖的光泽度变化多端,如同木材或者石材。

与塑料类似,橡胶也有薄膜和板砖的不同形式,但价格更为昂贵些。其多样的色泽令人振奋,经过蜂蜡处理后还具有防水功能。

织物

商业设计中所使用的织物多种多样,从家居帷帘和更衣室门帘到地毯,都有涉及。有时,商业设计师会和帷帘商家一起设计个性化的家具装饰。其中最为常见的材料是皮革和专业装饰纤维。地毯有时候依据某一具体的设计或者图案要求用于改善商业环境。地毯的饰面也各有不同,有手工的,也有天然纤维。如果人员过多踩踏频繁,地毯很容易磨损,需要定期更换。

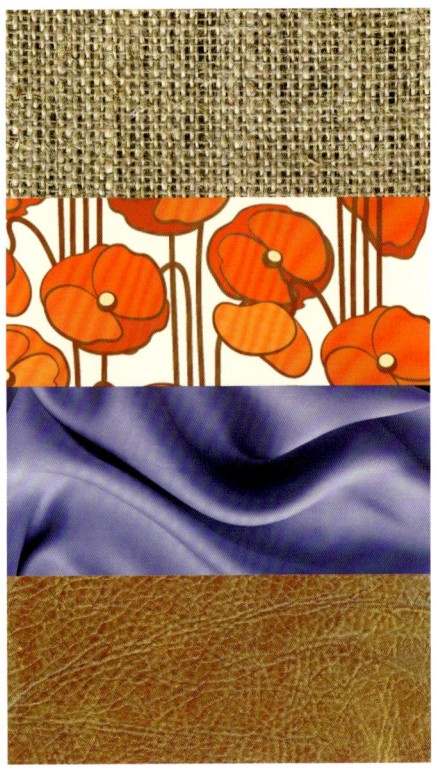

商业环境 材料

混凝土、水磨石和石英

这些耐用的材料主要用于地板饰面，但有时也用于墙面覆层。混凝土经过抛光可以显示出不同的色泽，可用颜料着色或者塑造成某种纹理，从而具有复杂多样的特点。一旦混凝土被精炼成水磨石，便可以与大理石或者花岗岩之类的聚合物相混合形成合成物，这也就意味着不同的石材都被混合在了一起。有些聚合物的成分中增加石英，是为了让自身闪闪发光。混凝土可以被磨碎和再利用，但这个过程会产生有害的排放物。

石块、石板和大理石

这些传统的天然材料可以和混凝土混合形成聚合物，或单独被用于地板铺设、覆层或表面装饰。天然材料都很耐用，而且使用期限很长。但每一种材料又有其各自的天然缺陷。需要指出的是，有些石块，比如石灰岩和砂岩，因为有气孔很容易弄脏。开采、切割和打磨石材的过程中需要大量的水，因而会浪费宝贵的资源。

陶瓷

陶瓷结实耐用而且节约成本。因其饰面变化多端,和真正的石料外观简直不相上下。陶瓷可被用作地板、墙壁、或者形成马赛克图案,还具有防水功能。瓷砖的饰面可以是亚光的或者有光泽的。

涂料和墙纸

墙壁和天花板都被某种装饰材料覆盖着,或者刷了涂料或者覆了墙纸。这种覆层通常为回收利用的材料。就生产过程和排放物而言,有些涂料对环境有益,而墙纸可以通过回收利用废纸并辅以各式各样的图案或者纹理制成。墙纸再次变得新潮起来,现已被广泛用于商业和家居装饰。

商业环境 材料

= 英国伦敦的THE TIMBERLAND BOOT COMPANY商贸空间

设计者
= CHECKLAND KINDLEYSIDES有限公司

日 期
= 2005

　　Timberland一直致力于与商店附近的社区和地方相关机构建立一种积极的可持续发展的关系。为此,作为公司的第一家店面,此次设计以创新为主,尽量把实际店面的规模最小化。位于伦敦Fournier街1号的建筑最初是个香蕉仓库,这一点为新设计方案的产生做出了重要贡献。

　　靴子一簇簇地从天花板上悬挂下来展示,就像一串串香蕉。从地下室发现的滚轮架也被赋予了作为陈列桌,在特别设计的搁物架上面堆放的纸板盒,用在商店的后部形成了一堵别开生面的库存隔墙。

102/103

：内奥米·克莱因 (NAOMI KLEIN)

"商标是同一感的根源。这些商标充满了整个空间，形成了一种表象，延续了曾经以政治、哲学或者宗教观念为主的空间概念。"

商业环境 照明

= **SONY ERICSSON旗舰店**

设计者
= **CHECKLAND INDLEYSIDES 有限公司**

日　期
= **2006**

　　Checkland Kindleysides有限公司设计的第一家Sony Ericsson旗舰店。他们用自己的理念创建的设计方案，通过运用简单的建筑线条和曲线相结合，为产品营造简洁优雅的展示效果。作为对比，他们也制作了一个变色招牌，与品牌的配色相呼应，并随着店内照明的改变而变化。

商业环境的照明主要依靠人工照明。日光虽然可以透过门面照射进来，但并非总能照到商店的深处。另外，每天从早到晚日光的方向和强度是不断变化的，也会受到季节变换的影响。但人工照明不会受到这些持续变化着的因素的影响，可以用日光所不能及的方式加以调控。照明的主要目的是为了吸引顾客走进商店并突出正在展示的产品。

自电灯泡被发明以来人工照明已经取得了显著进展。大多数人现在已经意识到了它对能源消耗的影响（目前，非民用建筑能源消耗的40%用于照明）。新的电灯泡技术通过正在广泛应用的LED、新CDM-T电灯泡和荧光灯饰等使得照明大大提高了节省能源的效率。

人工照明的明亮度是以勒克斯（Lux）为单位进行标注的。光源越亮，就越浪费能源。商业空间以使用高水平照明度而出名，因此，近些年来已经通过调查人眼可以察觉到不同的照明度水平之间差异来制定照明度标准。在这一过程中，商家在不影响室内整体亮度的情况下降低了勒克斯水平。例如，以前使用1000勒克斯的橱窗展示整个商店最耀眼的地方，现在已经随着相关研究降至750勒克斯，从而减少了对环境的危害。

商业设计师要与照明设计师密切合作，创造理想的品牌展示效果。他们合力拟出一份周全的天花板方案，明确指出相对于陈列品、商品和服务灯饰的合理定位。这份图纸对于设计室内空间来说非常重要，其中包含标注一个能够帮助识别图纸上所有灯饰的关键点。固定设施和设备用虚线、灰色线或者细线标出，以便于灯饰设备可以和下面的物品所需光线完全吻合。天花板的外观和浮遮也会在图纸上逐一标明。

丹·希普（DAN HEAP）
"注重细节一直以来都是照明设计理念的核心。通过把照明系统'嵌入'建筑，我们确信它能够运转正常，并能够完美地融入周围的环境。"

商业环境 照明

= 英国伦敦的WILLIAM & SONS旗舰店

设计者
= SHED DESIGN

日　期
= 2008

横穿商店的中央浮筒使天花板的视觉效果更胜一筹。图中细节表明荧光灯饰都围绕着天花板边缘隐蔽安装,以便灯管每一处散发出的亮光都很均匀。

照明原则

商业室内的照明方式非常具体,一、可以使产品在灯下展示出最佳的光彩效果。二、顾客在店内走动时也可以体验到不同层次的明亮度和聚光点。照明通常包括三个层次。首先是重点照明,突出产品,是店内最明亮的位置。其次是工作照明,主要照射服务区,比如收银台、试衣间或者咨询区,亮度弱于最亮处。最后是环境照明,引导顾客在过道里走动,亮度弱于产品或者服务区的照明。

重点照明

橱窗处于日光和人工照明重叠交错的特殊位置。随着时间或者季节的变化,日光逐渐退去,让位于人工照明。当顾客走近商店的时候,橱窗陈列台灯火通明,强烈地刺激着顾客的视觉神经,吸引其不自觉地走入店内。到了店里,主要照明设施通过多种装饰和技巧聚焦于产品。天花板上的射灯弥漫在墙壁和地板中央的固定装置上,同时,灯光从橱柜里LED的内部自然地倾泻出来,在标志图样的后面形成了一个个灯箱。

勒克斯 (Lux)
光的明亮度的测量单位,即照明单位。

工作和功能照明

　　工作照明涵盖了收银台、更衣室、座椅区和咨询区。此时照明的亮度略有降低,以免影响重点照明,但也能让顾客和职员足以看清楚商品,不影响正在做的事情。工作照明也可以用功能灯来实现;通过一个吊灯架或者枝形吊灯来照亮地面的活动。

环境照明

　　环境照明的任务是照亮过道,并且为重点照明或者工作照明没有覆盖的空间提供一定的亮光。过道的照明光源可以隐蔽安装于天花板内,或来自间距相等的吊灯。通常情况下,环境照明是和天花板的结构规划融为一体的,比如设置照明槽等。

= 英国伦敦的SELFRIDGES商店

日　期
= 2006

　　该功能照明环绕于墙壁的周边,用作重点照明,照亮下面的产品。

商业环境 照明

= 位于英国伦敦的Brent Cross购物中心的THE WHITE COMPANY商店

设计者
= 考尔德·穆尔

日　期
= 2006

该设计将隐蔽安装的天花板照明槽和功能照明很好地结合在一起。

灯具

CDM（陶瓷金属卤化聚光灯）

这种灯具异常耀眼，主要用于橱窗展示照明和布满产品的墙壁照明。

LED（发光二极管）

这种灯具的热排放较小，很节能，适用于橱窗照明，有时也用于环境照明。

低压射灯

隐蔽安装的射灯通常配有变压设备。这种灯具可以独立使用，或者作为产品的后备照明，也可用来和环境照明一起改善室内照明。这种射灯宜每个间隔750 mm安装，以便照明均匀。

荧光灯

这种灯具用途颇广，其长度为300 mm至1500mm不等。有的呈现环形，小到能够安装在橱柜里面。荧光灯的平均使用期限为12000-20000个小时。

轨道照明

这种灯具常用于天花板仅有很少或者没有可以隐蔽安装灯具的空间。轨道照明绝非最有吸引力的照明形式，但在某些情况下效果特别好。另外以现代风格为主，却又各有特色。

= 位于英国Westfield购物中心的 MAMAS & PAPAS商店

设计者
= FOUR IV公司

日　期
= 2008

这个奇特的吊灯悬垂于商店中央的通道上方，十分引人注目。

\ 照明 \   　　　　　　　　　　　　　　　　　　　　　　　　　　　 / 学生案例分析 /

商业环境 气氛和音响

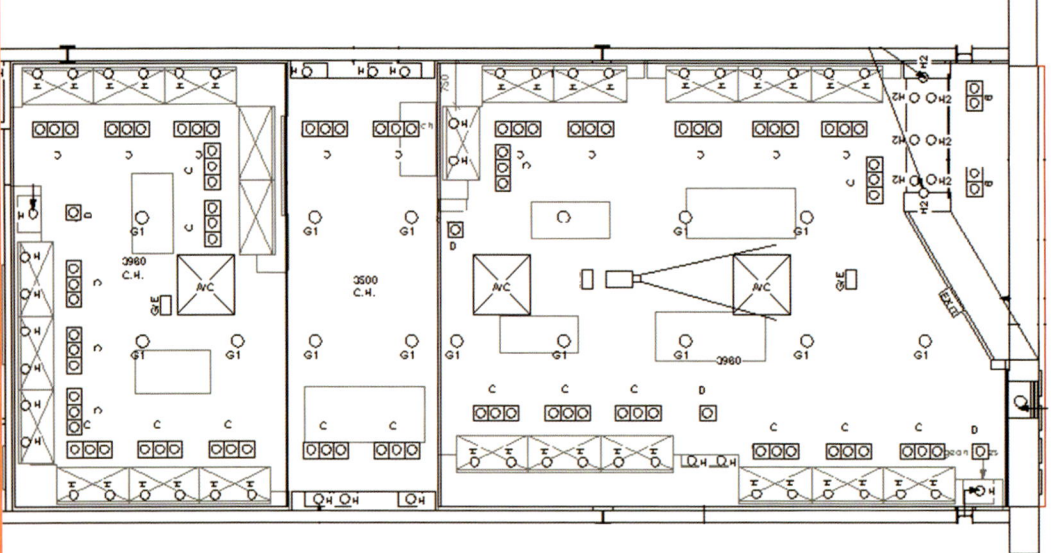

= 一份典型的天花板设计方
  案，各种服务均有标注

　　这张图纸是一份典型且
周全的商业空间天花板设计
方案。图纸中包含了灯具信息
以及如何与固定设施进行对
位，也指明了空调元件在天花
板里的具体安装位置以及相
互之间的关系，各种设施彼此
的间隔是等距的。

室内空间的气氛似乎会被不能掌控的因素加强或者减弱，但本质上，空间气氛在整体的设计构想中是需要慎重考虑的一个方面。和所有的室内设计项目一样，商业空间设计重点关注的是客户、使用者以及他们在商业空间内的舒适度。店内的温度和音响都是氛围的一部分，因而也是整个购物体验过程中的一部分。选择材料的时候，需要针对材料的音质及其对整体环境感觉的影响做出清晰的决定。气氛控制是商业空间设计必不可少的一部分，它充分见证了商业设计师和机械工程师在解决上述问题的过程中的技能融合。

空气质量

室内空间的温度会影响到整体的购物体验，也毫无疑问地会影响职员的工作环境。商业设计师和主攻空气调节的机械工程师密切合作，以达到既定的取暖和制冷等规程的要求。一旦室内设计被提上日程，图纸就会被转交给机械工程师，以便了解其设计气氛控制方案。

空调系统由固定于天花板上或者安装在墙上的店内等距空调部件和悬挂在门上用以缓和从敞开着的入口处吹进来的冷风的热风幕构成。每一个空调部件都被连接到冷凝器上（通常安装在室外）。冷凝器把新鲜空气吸入到室内的空调部件里，再把室内的空气排出去。连接器都被隐蔽地安装在天花板的空隙里，视线无法触及。在咖啡店或者餐馆，机械工程师还需要把厨房区囊括在内，并为卫生间提供通风换气装置。

商业环境 气氛和音响

= 位于英国Brent Cross购物中心的
 WHITE COMPANY 商店

设计者
= 考尔德·穆尔

日　期
= **2006**

　　这家店采用的瓷砖地板和光滑墙面有效地改善了空间的音质，脚步和谈话都会产生回音，进而极大地增强了空间的音响效果。

音响效果

在大多数情况下,商业空间并不是必须要消除室内或者从室外飘入的噪音,可以借助最简单的声音控制形式来改善环境。店面就好像一道屏障,阻止外面街道上的噪音影响室内。内部框架的建造能够在商业单元之间形成声音屏障;在某些案例中,也许有必要在墙皮和墙体隔断之间使用声学级别的材料。材料的装饰是特别需要注意的方面。硬质材料,比如石块、混凝土或者瓷砖地板,可能会在脚下产生很大的声响,容易在热闹的店里引起回声。部分声音可以为空间氛围增添几分活力。但相对而言,软性地板装饰,比如地毯,能够减弱声音,可被考虑用于更加安静和隐私的区域,比如咨询区或者书店。墙壁的覆层材料也可用作声音的屏障;具有反射声音功能的材料可用来将声音朝着某一特定方向推进。

> 彼得·卒姆托(PETER ZUMTHOR)
> "听!室内空间就好像巨大的容器一样,收集声音、将其放大,然后再转移到其他地方。"

音响效果

该术语用以描述对声音的科学研究。就室内空间而言,声音可以通过所使用的材料加以控制。硬质材料会反弹声音,致使空间里充满了到处跳跃的回声;而软性材料吸收声音,能够营造比较安静的空间氛围。

\ 气氛和音响 \

商业环境 学生案例分析

项　目
= 茶馆

设计者
= 卡罗淋·哈特（CAROLINE HART）

日　期
= 2008

! 　　这个项目的初衷是为位于伦敦繁华的国王大道上的一家日式茶馆创造新概念。最终采纳的设计方案集中体现了茶道传统的价值。看上去好像包括了一个商业空间、一座茶坊、处于一层的一个迷你品茶区以及地下室的一间教室。在室内空间的行程非常重要，并会受到古老的通道礼仪和仪式的影响。客户心系道德"贸易"，通过尽量使用可持续发展的材料来营造整体的室内构架。

　　最终的设计方案强调颜色、材料、灯光和图案。设计以三个迥异的空间为中心，每一个空间都有其独特的材料和灯光特点。同时，每一个空间也代表了不同的功能。这些不同环境之间的空白区域为空间之间的过渡发挥了重要作用。设计师也开展调查、发掘本地出产的材料以及考虑"从摇篮到摇篮"的再循环方式。

= 外部效果图（上）和内部效果图（下）

? 假如你现在正专注于一个真实的项目，负责为你的客户和承包商进行宣传，并明确所需材料。

1. 你打算运用什么样的系统来确保职员和顾客在室内的舒适度？
2. 你打算怎样构思照明方案？你将如何有效地突出产品？
3. 你可以使用什么材料来营造一种特定的音响效果？
4. 你打算如何减少商业空间中的能源消耗？

= 平面图和剖面图

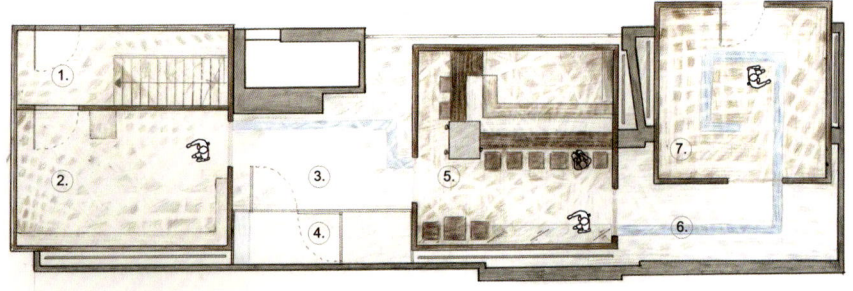

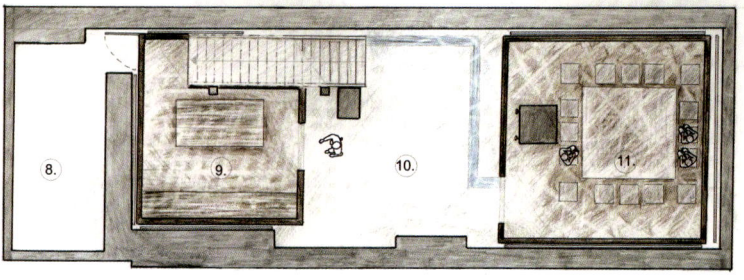

空间规划方法

在商业环境中，有很多因素影响着顾客的感官，比如视觉、听觉、味觉和触觉。这一切都是通过材料及其质地、人工照明、室内氛围和空间音响的效果促发而生。设计师理应对设计和建筑在环境方面的影响非常敏感，并尽可能地把浪费和能源损耗最小化。虽然并非所有的事情都在设计师的掌控之中，但在设计过程的最开始就考虑到此类问题，可以进一步将随之而来的环境风险降到最低。

本章探讨了商业空间的规划原则，并从深层次上阐释了可创造效率又方便使用的设计技巧。

116/117

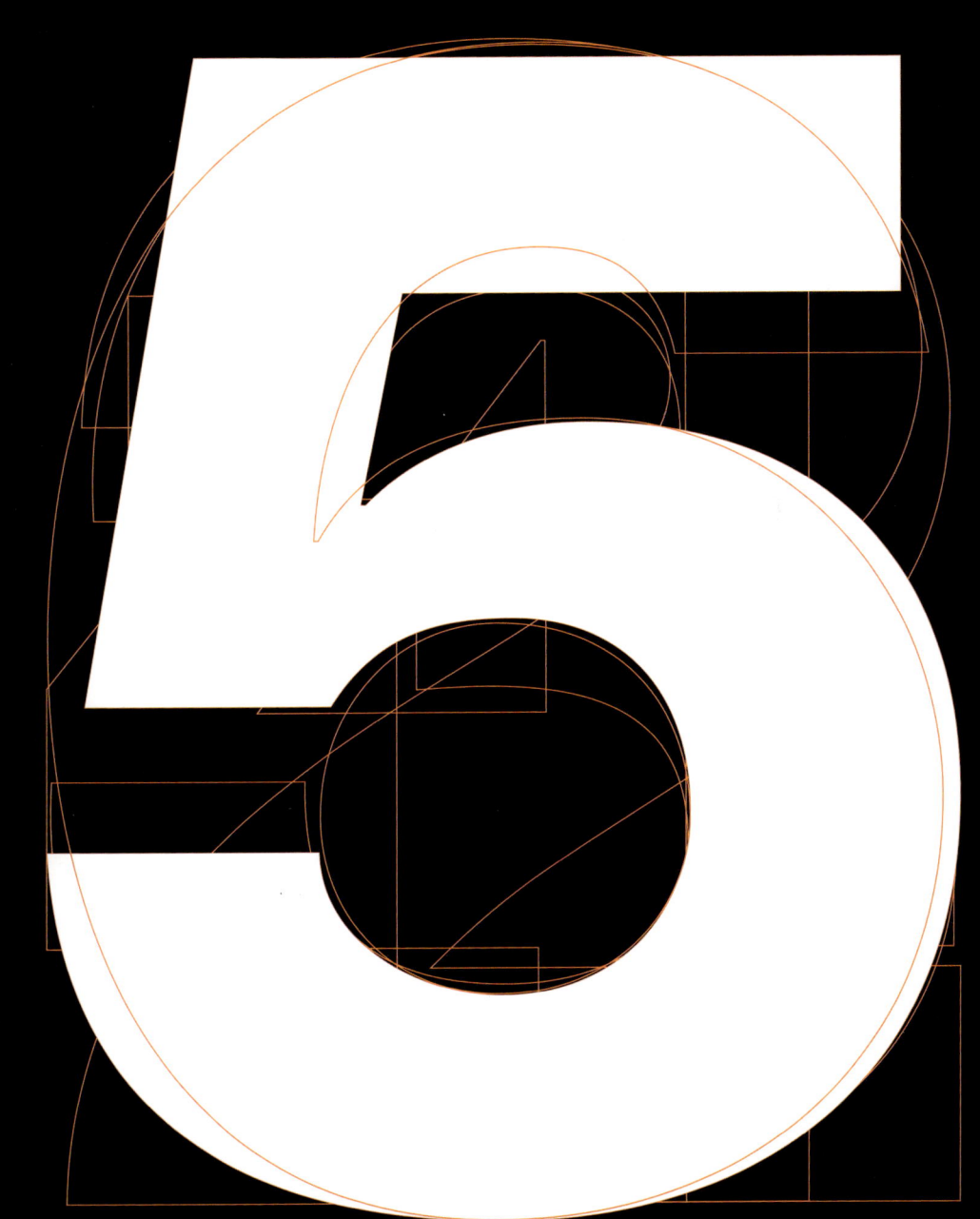

/ 销售规划

空间规划方法　商业组织原则

= 荷兰鹿特丹市ORANGE旗舰店

设计者
= QUA公司

日　期
= 2005

Orange商店的入口很宽敞,吸引力十足,非常便于顾客进入。很好地实现了从店外到店内的过渡。

一旦品牌被建立起来,就可以开始对商家目前的建筑预期进行分析或者开展调查,以便选择合适的店面地址。室内空间的品牌准则表明了适用于该方案的一个典型的店面规模。尽管这些准则阐述了布局的规则,仍要根据不同位置的情况进行调整以便与建筑匹配,但手册里的原则是不变的。

商业设计师必须遵守建筑法规的准则,以确保婴儿车使用者、轮椅使用者和其他残疾人使用设备能够很便利地进入空间。难点在于要使得这些必须考虑的元素看上去天衣无缝,要把每种元素作为整体构架的一部分自然地融入进去,而不能产生附加上去的感觉。

室内布局的整体原则包括以下四个方面:入口、主要通道、节奏和销售,并通过商品展示、固定设施和付款区的形式呈现出来。

入口

入口的设计对于任何一家商店来说都是非常重要的。入口必须能够吸引顾客走进商店,仔细浏览店内的产品。门面的设计将会在第6章予以详述。但一般来说,门面要么是一个新元素——作为整体构架的一部分安装;要么是保持原有元素或者对现有元素进行升级换代,以满足建筑和规划的相关条例要求。橱窗也会定期进行更新,以展示店内最新的产品。很多情况下,顾客也可以透过橱窗看到店内深处的情景,要充分体现透明度和互动性。但有时候视线会被产品陈列阻断,形成一种神秘感,同时也能使顾客的注意力集中到陈列的产品上。

一旦走入店内,入口处就成了室内行程的起点。店内的这部分区域通常是开放式的,非常宽敞,让顾客有时间稍事休息和环顾一下店内的环境,也足以让入口处进进出出的顾客感到非常舒适。在规模比较大的商店里,这也是在购物前后和朋友碰面的地方,有时在顾客过道的两侧还会设有座椅区。

标志是入口处的重要元素,用来引导顾客到想要去的部门或者清楚地标注商店设施。生活风格图样也是橱窗和入口处的特色,有助于提升品牌形象。

入口处是展示店内最新产品的关键区域。展示的形式可以是功能展示,或者诸如品尝食物、发放免费样品、美容物品和赠送香水喷雾器等的促销活动。

入口处的设计还需要考虑其面向所有顾客的便利程度。入口处必须为轮椅使用者和婴儿车使用者提供足够宽阔的空间,以方便他们操作。在现有的场所里,入口处的地面可能铺设了台阶,坡道也会延伸至室内深处,从而占去了整体方案中的大量空间。

罗德尼·菲奇(RODNEY FITCH)
"门面的所有装置都是入口的前奏曲……应当具备某种(从外面的公共世界进入商家特殊的室内空间)过渡意义。"

空间规划方法 商业组织原则

通道

在选好地址以后，商业设计师所面临的首要任务之一，就是要以室内的空间特点为参照，在充分考虑到设计准则和构架原则的前提下，构想出空间周围的通道方案。通过审视室内设计的平面图、剖面图以及在效果图上面画出的箭头和路线，使通道图解作为思维方式和向客户描述不同构架的需要被标注出来。通道方案经常会和连接计划（常常在同一图纸上）一起制成。连接计划表明了空间区域如何被划分为产品区、销售区、浏览区和辅助区。这些图纸共同构成了室内布局规划的出发点。

在商业架构里，通道主要承担两个任务。第一，作为过道引导客流。这些过道必须足够宽阔，至少两个人迎面而过的时候彼此都很舒坦，不论这两个人是走着的、坐在轮椅上的，还是推着婴儿车的。第二，要把顾客带到产品区，并为他们提供足够的空间，以免他们在浏览时撞到其他人或正在展示的产品。

通道原则非常简单，取决于人们在空间内的走动方式。人们的走动方式多种多样，但每一种都有好几种基础解决方案。通道可以呈水平方向，顾客从商店的正面进来，穿过两侧摆满了琳琅满目商品的过道，从商店的后门出去。通道也可以呈垂直方向，在这种情况下展示的商品占据了多个楼层。这种构架的复杂之处在于楼梯、电梯和自动扶梯都要进行商定并安装，同时也必须考虑有哪些方法可以吸引顾客走到高楼层。在店内采用之字形或者八字形的通道有助于突出兴趣点，延长行程以及为顾客提供多样的购物空间。而在环形模式下，顾客从商店的正面走到后面，然后再回到正面。

通道
使用者环游建筑时所走的受控路线。

节奏

作为通道设计中一个非常有趣的方面，"节奏"体现了人们是如何使用空间并在空间内走动的方式。在很大程度上"节奏"决定于使用者的个性以及他们的生活方式。这也是为什么理解品牌的目标市场以及商店具体位置会如此重要的一个原因。咖啡店概念可以说是描述"节奏"在室内的整体设计方案中如何发挥作用的典型案例，因为需要经常考虑构架内的不同"节奏"，市场定位也是面向很多不同类型的顾客群体。咖啡店里的"节奏"分为"快节奏"、"中等节奏"和"慢节奏"。"快节奏"的顾客希望买到外卖咖啡然后马上离去。这就很好地解释了为什么绝大多数的大型连锁咖啡店都设有一个类似于生产线的服务台。此举的目的是为了满足顾客尽可能快速移动的愿望，给人一种快速服务的印象。另外，咖啡店的客流量很大，非常适合这种服务类型。"中等节奏"的顾客经历了这个服务过程之后，他们会坐在店里享用他们购买的食品和饮料。他们可能最多逗留20分钟。

座椅区通常被设在咖啡店的前部，以窗边的高脚凳或者小桌边的椅子为主。这样一来，顾客在店内享用了食品和饮料之后就可以径直离开，不必横穿整个商店。"慢节奏"的顾客购买完食品和饮料后会逗留得更久一些，通常会坐在舒服的椅子或沙发上阅读报纸。这些顾客可能会逗留1个小时左右，与朋友会面或者在远离喧嚣的服务区的舒适的环境里午休。此外，某些咖啡店还会特别开设商务会议区，在商店的后部提供一隅安静的空间，内置一张会议桌并多达八个座位。

在规模较小的商店里，节奏不是问题，但规模较大的商店，比如百货商店，则必须考虑顾客的特点，并据此提供多个入口和出口，以便于顾客快速观看或者享受一次悠闲的购物体验。

节奏

指一个人在空间内移动的速度。商业设计者在设计室内构架的时候经常要考虑到各种不同的节奏。

/ 销售规划 /

空间规划方法 商业组织原则

= 法国巴黎的LAFAYETTE MAISON
商店

设计者
= SAGUEZ & PARTNERS设计公司

日　期
= 2004

在世界上最大的百货商店之一Lafayette内部，Lafayette Maison具有家居用品部。商店的布局别出心裁，每一层的产品展示分别对应着"住户"的一个房间。地下室对应的是厨房，销售厨具和器皿。一层是入口门厅，吸引参观者欣然走进大厅。二层是餐厅，配有用餐家具。三层是起居室，储存着基本的起居室用品。四层则展示的是卧室、浴室用系列产品。

标志在整体的设计中起到了重要作用。设计师们要确保布局便于顾客游览，能够引导顾客四处闲逛，不断发现商店里的其它区域，同时也不会迷失方向。

中庭是重中之重，顾客可以沿其边缘进行水平移动并透过窗户享受开阔的视野。收银台和服务台的位置通常不变，家具的陈列也尽量避免阻断顾客从大楼里向外眺望风景。

空间规划方法 商业组织原则

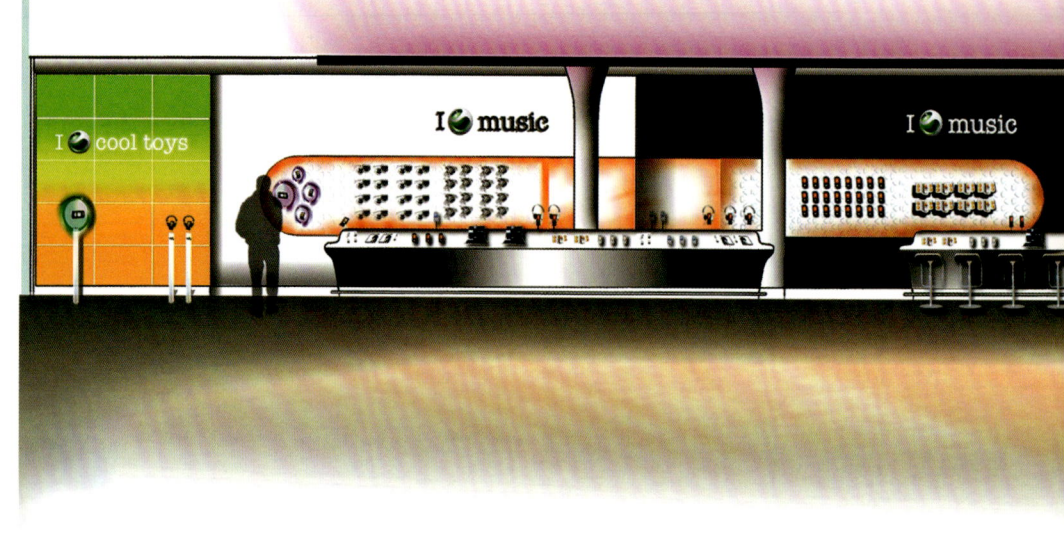

销售

对于任何一个商业室内空间而言,最重要的就是出售产品和拓展业务的能力。入口、通道和"节奏"都是商业设计师相互竞争的设计重点,但最大的挑战在于产品以及产品陈列的方式。需要指出的是,尽管这是商业发展中最基本的区域,但正常运转也离不开我们之前已经提到的其他方面。

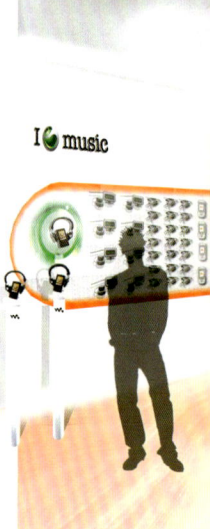

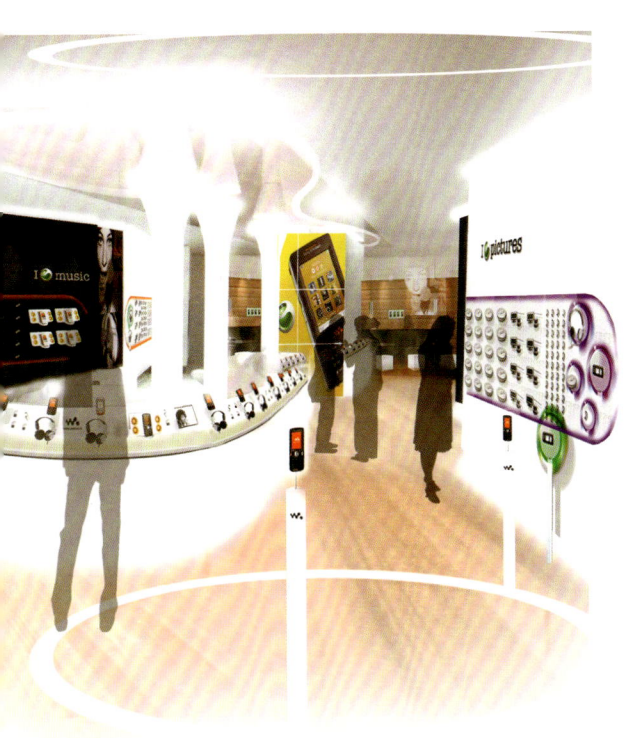

= **SONY ERICSSON旗舰店**

设计者
= **CHECKLAND INDLEYSIDES 有限公司**

日　期
= **2006**

　　该构架表明了Sony Ericsson第一家专卖店的发展——适逢他们的五周年店庆和新潮品牌投放市场。建造这家店面的目的是想通过营造魅力十足的环境和吸引更多不同类型的顾客来展现品牌的新方向。商店的面貌非常酷,充满了现代气息。影像效果表明了将产品的连接计划和通道设计全包含在内的设计方案的演变。图样也清楚地标注了产品类型。产品的陈列则避免了对通道客流的任何干扰。

空间规划方法 销售规划

　　通晓产品特性、陈列的产品数量和店内存储的产品数量对于成功的销售规划来说至关重要。商家的库存会定期进行更新，所以灵活性对于功能展示设备而言很关键。室内的产品分布也很重要。商家知道哪些是他们的主打产品，以及如何吸引顾客走进来。商业设计师必须利用他们丰富的知识和经验来安排产品在整个商店内的排列、分布，以便于顾客在某一特定行程中不断地被从一种产品吸引到另一种产品。

　　在设计指南中，商家的销售规划、原则被作为品牌化和营销日程的一部分加以阐述。基于商品及其他不同类型的相关产品，商家可能会有具体的要求。例如，总是把四个墙湾没有间隔地排成一排，并在上面设有搁架，这可能有着特殊的意义。绝大多数的商家都安排内部销售规划小组专注于类属空间内的产品（通常是在商家的主要分店），以获得有效展示物品的方案。很多产品都是系列的。时装和服装是这方面的典范，因为服装和相应的装饰品需要被放在一起展示。

= 英国伦敦的LULU GUINNESS精品店

设计者
= HMKM设计咨询公司

日　期
= 2009

为了把现有的斯隆大街上的Lulu Guinness旗舰店提升为一家奢华精品店,HMKM创立了一个新概念来反映所陈列产品的高品质。为了达成这一目标,他们运用了银箔墙板、Swarovski水晶裹覆的墙纸、灰泥造型的镜子以及大理石面的展示桌面。HMKM工作室最终确定的设计方案充分体现了他们对于待售商品的丰富知识和全面理解。

空间规划方法 销售规划

产品展示

　　商业设计师工作职责中的很大一部分是设计展示设备。有些设备可以以工具包的形式购买，直接原态使用，或者增加一些涂饰以与室内设计相匹配；其它的设备是定制的。如果构架方案要在多家店面广泛应用，定制设备的作用将会得到极致的发挥；生产数量的增加也势必会降低设备的制作成本。对于单独性的商店而言，现成的体系可能是更好的选择。虽然不是顾客购物体验中最重要的部分，这些元素却是驱动室内构架、激活空间功能和出售产品的有力依据。产品可以通过各种有趣的方式展示出来，但基本可被分为两种：墙壁展示设备和地板中央的设备。

　　使用室内墙壁进行展品展示是主要方式之一。绝大多数的商业空间里，从地板到天花板的墙壁都会被产品排满。这种现象，只有在优质零售商家才有可能不出现，因为为了显示出专营性，只有少量的产品需要展示。墙壁设备的设计原则很简单。他们倾向于由镶板建成，用来固定可根据不同情形进行调整的挂钩和衣架钩。借助于装饰材料，商业设计师将会设计出某一构架独有的墙壁设备。墙壁表面积大，能够展示大量商品，从而把店里的中央空间空出来用作顾客走动和特色展示之用。

　　地板中央的设备由一系列不同的精选元素组成。这些元素既可以创造兴趣点又可以错开顾客的视线，便于他们看到后面的库存。而这些设备可以是桌子、橱柜、或者独立的贡多拉等。

> **威廉·格雷（WILLIAM GREEN）**
> "展示区域是商店的心脏。展示是一种在最好的照明条件下将商品呈现给购物者，并允许购物者估测和选择所要购买的产品的设置"。

128/129

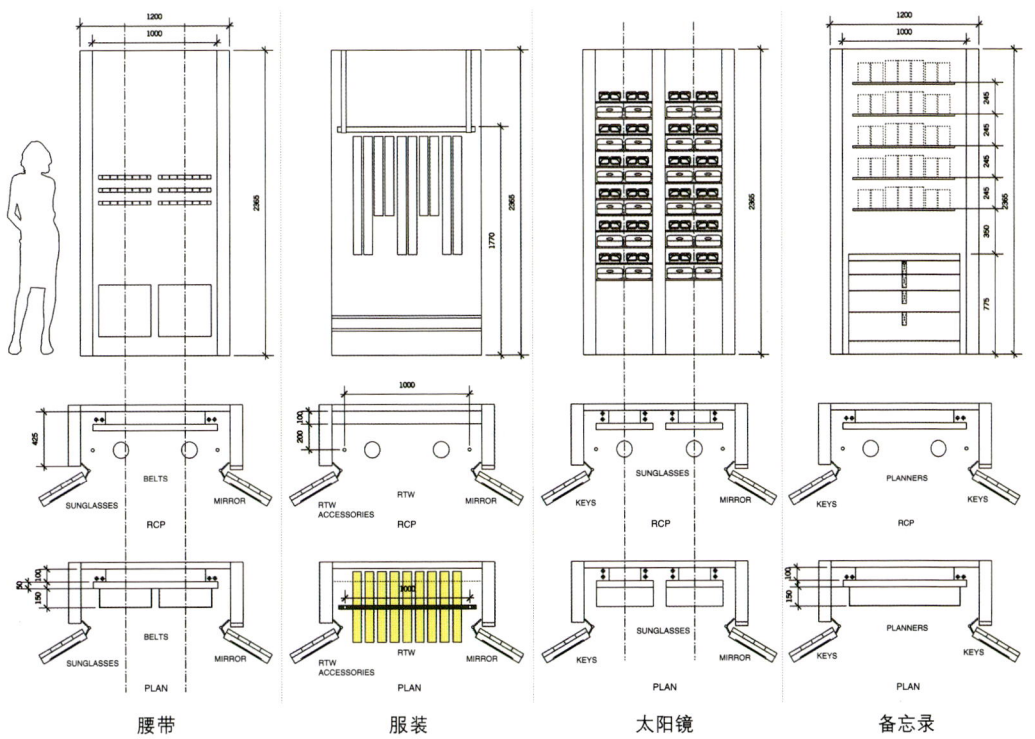

| 腰带 | 服装 | 太阳镜 | 备忘录 |

= 遍布各地的MULBERRY
  商店

设计者
= FOUR IV公司

日　期
= 2008

　　这张技术制图描绘了各处Mulberry商店不同的墙壁"抽屉式"产品展示。

空间规划方法　服务和辅助空间

　　和展示产品一样,商业空间必须包括顾客服务区。大多数情况下,客服区域常见于商品展示区域的后面,但只要存在顾客和商店职员的接触就意味着此地是一笔交易成功的专属空间。

　　这些空间包括试衣间顾客与商店职员相交流的咨询区。这些都是支持性区域,尽管是为销售服务,但未必展示产品。这些空间的设计和主要展示区的设计同等重要。基于为公众服务的目的,这些空间被仔细考虑、精心设计,以便在涂饰和图样方面与品牌化的室内空间相呼应,同时也传递了一种积极的顾客服务形象。

　　辅助空间是指销售区域之外,商店专门预留给功能性元素的区域。这个区域支持着商店的日常经营管理,为储存提供必需的区域,同时为职员提供工作设施,经常被称作"房子的后院"。规模较大的商店也经常提供公共卫生设施,都属于"辅助空间"的范畴。

= 英国伦敦的SELFRIDGES试衣间

日　期
= **2006**

　　该图中的试衣间设计与商店整体的氛围一致，从而保证了购物体验的持续。

空间规划方法 服务和辅助空间

试衣间

在时装店,顾客要"在购买前试穿",因此试衣间的存在是必须的。多年以来,试衣间的设计显示出了一些很值得注意的发展趋势。大街上的时装店曾经很偏爱四周装满镜子的面向所有人的开放式大空间。有些商店也提供几个为数不多的密封小隔间,通过非常不搭调的门帘和开放空间隔开,这就使得试穿成为很多人的一次非常不愉快的经历。绝大多数商店现在都设有宽敞的试衣隔间,四面都有镜子,有个固定的座位,有可以用来悬挂顾客的衣服和包的挂钩,还有一扇增加安全系数的牢固的带锁门。

试衣间的入口被认为是能够提升购物体验的一个关键区域。在规模较大的商店里,这个空间会配备座椅,有时甚至还为不得不排队等候的人提供娱乐。在没有足够的空间、无法实现此种服务的规模较小的商店里,最基本的入口处会设有小柜子以便存放顾客不想代入的商品,有时还会有销售助理来帮助顾客试衣并记录正在被试穿的衣服(试衣间是商店盗窃发生的主要场所之一)。

> **SAGUEZ & PARTNERS设计公司**
> "……你需要喘口气,需要一个会合地点,有个坐下休息的地方……还需要可以补妆的卫生间,在购物期间寄存行李的服务设施,茶点饮料区,停车场,取货区……"

试衣间设计的另一个极其重要的方面就是照明。照明设备与镜子的定位相对,灯光照射在裸露皮肤上的颜色可能会差强人意,不利于交易的顺利达成。随着技术的进步,试衣间的照明采用了不同于以往的方式,很多隔间里都配有开关,这样顾客就可以根据需要来调整明亮度和颜色。

每家服装店都必须为残疾顾客提供试衣间。房间必须足够大,能够容纳轮椅。也必须有多个扶手杆、一个位置得当的镜子以及一个座位。在非常小的商店里,只有一个试衣隔间是可被接受的,但必须遵循残疾人权利、法律以及建筑法规。

咨询区

对于大多数商家来说，顾客服务是给消费者带来愉悦体验的关键。在手机、珠宝和现在的眼镜行业，以及汽车、家具和家电的展厅，咨询区或者小隔间是整体室内构架不可分割的一部分。在这样的空间里，顾客可以和销售人员坐下来细细商讨他们的购买需求。咨询区通常由一张桌子和几个座位组成，这样就可以有两位顾客坐在销售人员的对面来进行面对面的交流。有些咨询区很私人化，以便于顾客安心地购买昂贵商品；有的则很公开，向其他的顾客表明交易正在进行。当设计咨询区的时候，设计师要意识到顾客的需求：不论是私人化的还是公开的；嘈杂的还是安静的，要配备适当的家具和屏蔽。另外，咨询台也需要相应的设备以便于交易进行。

= 位于荷兰Leusden的 PORSCHE展厅

设计者
= QUA公司

日　期
= 2004

这幅某汽车展厅咨询区的素描作品，显示出三个座位的典型布局：一边坐着销售人员，对面坐的是顾客们。

\ 销售规划 \ \ 学生案例分析 /

空间规划方法 服务和辅助空间

 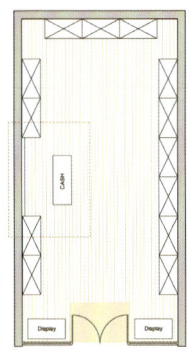 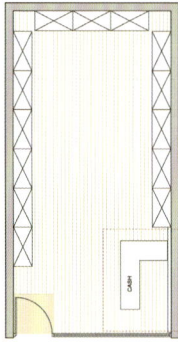

■ = 收银台位置

这些图纸描绘了收银台各种各样的位置以及它们是如何与商品和客流紧密配合的。收银台的设计与整体的设计构架互相呼应。通常收银台的灯光很明亮,在商店的任何地方都能清楚地看到。

销售结点

销售结点标志着在商店购物过程的结束,此时顾客将为所购买的商品付款。销售结点的位置非常重要。在规模较大的商店里,在不同的地方都会设有收银台,通常与部门对应,比如男装区一个,女装区一个。在超市里,收银台通常位于出口的前面。在规模较小的商店里,收款机台或者收银台可以设在不同的地方:设在商店的后部,在收银台的后面再建一面特色墙,以便从商店门面就能看到经营特点;设在商店中间紧挨着侧墙,将陈列的产品分离;或者设在商店的前部,距出口处很近,标志着购物体验的结束。另外,规模较小的商店把收银台设在入口附近且可能只配有一两名工作人员的做法是很可取的。这样一来,工作人员就可以注视入口、出口,阻止商店盗窃的发生。在某些商业案例中,销售结点也可能是一台投币式、刷卡式机器。这些设备正被越来越广泛地应用于超市、加油站和火车站,以便在高峰期提供快捷服务。

除了作为购物付款的地方,销售结点仍然包含着"冲动"购物的销售机会,比如要放置巧克力、邮票或者电话充值卡等小件商品。

= 英国伦敦SELFRIDGES收银台

日 期
= 2006

这个新颖时尚的收银台位于一面特色墙的前面,其内部装有照明设备,通过图样清楚地表明其功用。

\ 销售规划 \ / 学生案例分析 /

空间规划方法 服务和辅助空间

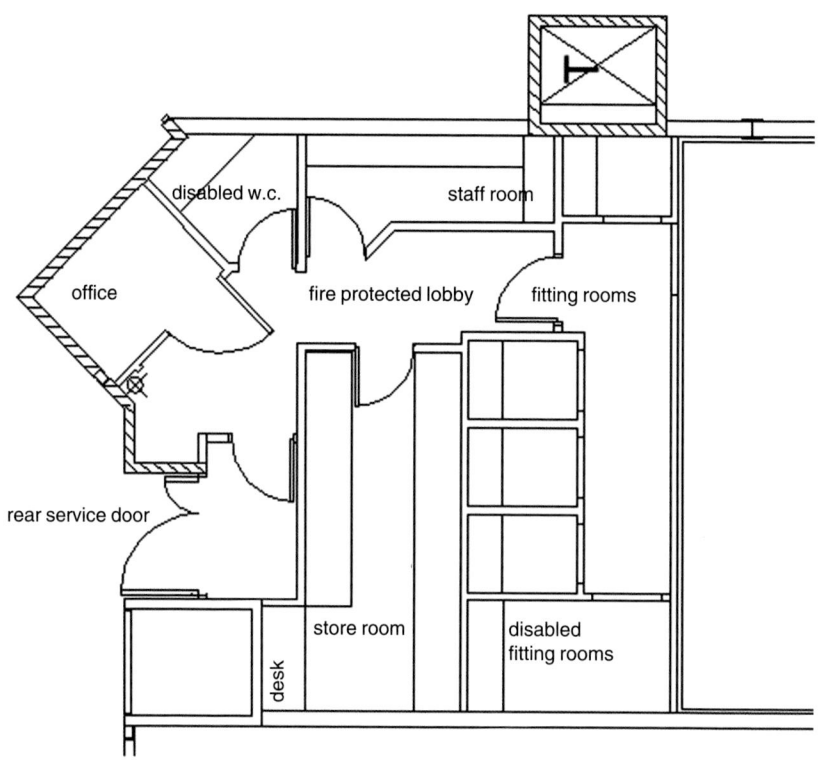

= 一份典型的"房子的后院"平面图

　　这张图绘出了一个典型的"房子的后院"平面图。

房子的后院

"房子的后院"区域是商店里顾客永远看不到的部分。顾名思义，它通常位于商店的后部。后院区位于远离喧嚣的服务区的商店后部，是为了便于交货、拆卸包装箱以及处理商店产生的垃圾。商店的后部通常有一扇门直接通向服务区以免递送货物时横穿主店。这扇门也可以当作出现火警时该建筑的第二个安全出口。因此，必须要保证从商店大厅到后面出口的过道宽阔畅通。

房子的后院区域至少会提供一个职员室，里面有一个简单的厨房，配有微波炉、水壶、桌子、椅子、职员卫生间（规模较小的商店里这可能是一个残破的隔间，或者一个相互独立的男女卫生间），一间很小的经理办公室和一个储藏间。储藏间的空间会尽可能大一些，里面的货物通常被放在标准的储藏箱里一直堆到天花板，有些储藏箱还会使用夹层构造以便充分利用室内空间的高度。"房子的后院"的最后涂饰简单又耐用，全部使用的是节约成本的材料。

顾客卫生间

在百货商店和超市里，顾客的卫生设施是必需提供的，尤其是当商店里提供饮食或者茶点服务的时候。有些商家把这些区域作为房子的后院，安装基本设施并进行涂饰，也有些商家会选择把品牌化的策略一直延伸到卫生间里。隔断隔间和卫生器具、地板和墙面涂饰的设计与选择，都取决于材料的耐用性和清洁的难易度，因为这些材料的使用频率很高，有时也容易损坏。如果商家为顾客提供卫生间的话，也必须为残疾顾客提供相应的服务设备。

\服务和辅助空间\

空间规划方法 学生案例分析

项 目
= CHEM DOL SOFIA

设计者
= 凯蒂·德雷克·伯罗斯（KATIE DRAKE-BURROWS）

日 期
= 2005

　　这个设计项目实现了把空间划分为一系列的高级女装展厅和活动区域，以达到让顾客了解最新时尚的目的。空间由四个活动区域组成：展示、销售、酒吧和餐馆。

　　该时装体验所处的建筑已经经历了诸多次结构调整。不同的商家在进驻时都会把空间按照自己的需求进行划分。这个设计项目的主要挑战在于研究整栋建筑的结构并按照新的商业发展需求对其进行改造。这对于商店设计来说是至关重要的。中央空间被拓宽以便创建一个中庭和贯通各个楼层的通道。这难免让人联想起百货商店的布局（见03章）。这样的设计使得每一个区域在不论水平方向还是垂直方向的过渡都非常轻松。

　　该商业区域的设计以商业空间组织原则为指导。墙壁被有效地加以利用，展示排列有序的衣架和鞋架，"讲述"着一系列的故事。中间亦设有特色产品区。优雅独立的抽屉和树状衣架设置将产品摆放至每处空间的中心区域，这样每个物体的周围都有宽阔的过道，灯光的照明效果也达到了极致。每一个部分还恰到好处地设有收银台，试衣间则隐蔽地被设在角落。也有可以坐下稍事休息的空间，促使顾客更加专注于购物体验，大力提升了顾客服务的质量。

1. 你希望顾客在空间内进行什么样的行程？

2. 你将会怎样根据产品彼此间的关联对其进行排列？

3. 你将会通过哪些特征来吸引顾客观览商店？

4. 你需要什么类型的服务空间？使其定位与产品相呼应？

= 显示地下室展示空间的影像

= 显示试衣间的影像
= 显示带有方向标注的入口的影像

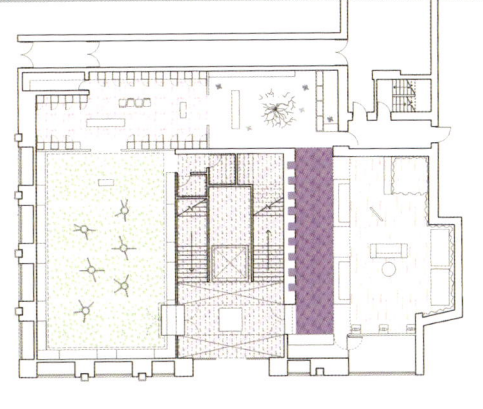

= 显示主商业区周围的通道状况的平面图

设计细节

商业设计的最关键之处体现在细节里。整体方案的每个部分都是和品牌相辅相成的。

本章审查了商业设计中需要考虑的各种因素:每一处建筑或者场所的构造;门面的作用以及它的形态和风格对室内构架的影响;室内结构以及在室内以墙壁、天花板、地板、固定装置、设施和部件等形式体现出来的各种设计组成元素。

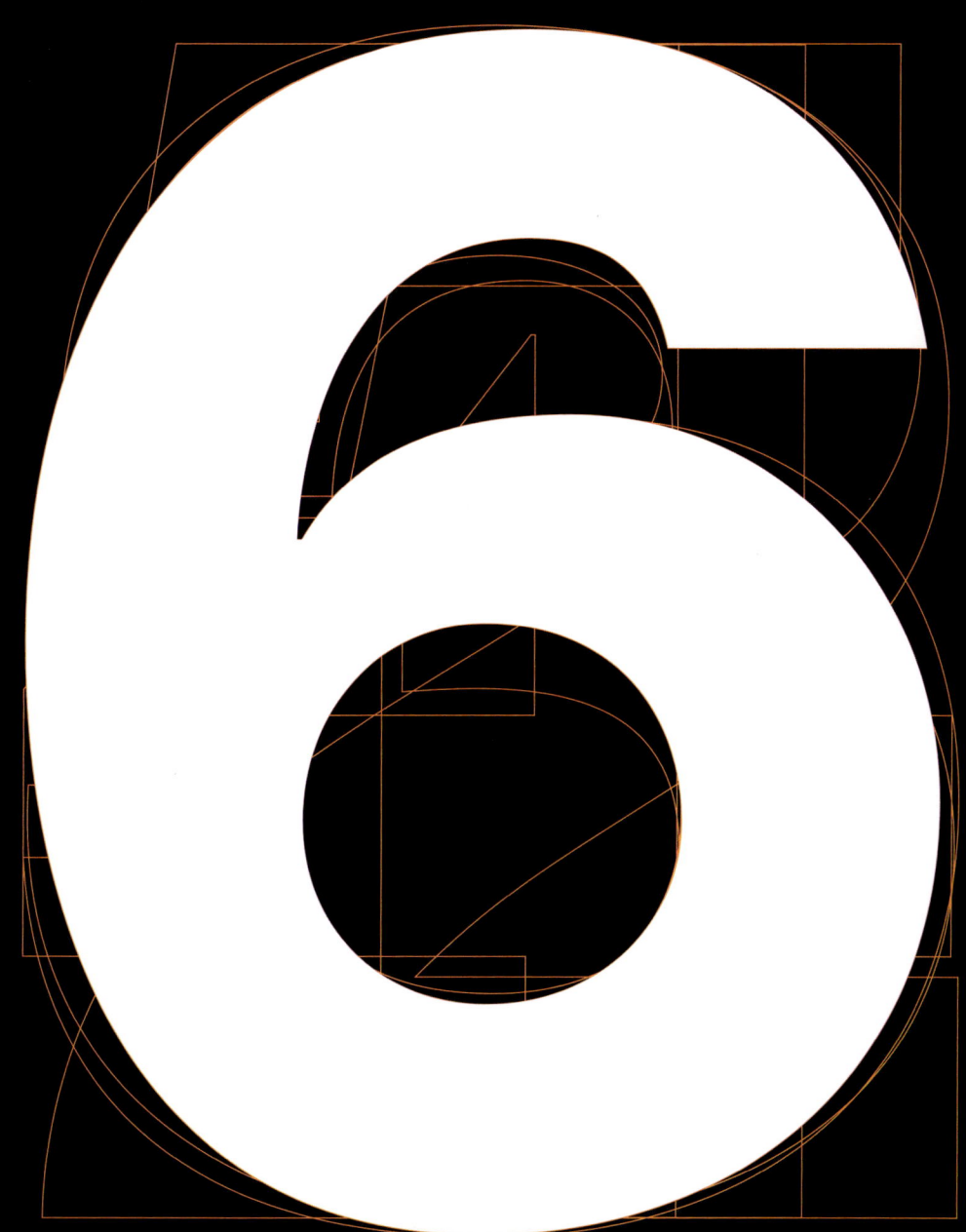

设计细节 商店门面

商店门面的主要任务是向潜在的顾客传达此店或品牌的精髓,并展示透过玻璃可以瞥见的室内情景。绝大多数情况下,门面是吸引顾客的一个关键,让顾客在走近商店并迈进店门的时候情不自禁地产生喜爱之情。另外,门面也为顾客提供了只看不买的机会并激发顾客购买所看到的产品的渴望。某些时候,商店门面和入口也被用来阻止公众进入,在门上装有安全设施,想要走进商店的顾客需要在入口处按门铃或提前预约。这种特殊的方法用于仅面向独家客户和富裕客户的商家。

：马塞尔·万德斯（MARCEL WANDERS）
"……产品设计者更倾向于关注细节——在细微的地方更有创意以使得一切运转正常。"

设计商店门面的时候有很多因素需要考虑。商店的正面必须能够体现出品牌的精髓。这一点是通过以下图样来传达的：招牌标识、投射标识、作为橱窗展示的一部分细节和生活方式图样；用来建造新门面的材料，或者如何变更现有门面来满足新的设计要求；橱窗里陈列的产品以及橱窗展示所传达的品牌信息；入口门的位置以及如何进行相应的操作管理。

作为商家室内设计指南的一部分，各种各样的门面结构均已详细探讨。商店门面的设计方案有赖于具体的店面位置和相邻商店门面设计的影响，以及规划和登记入册的建筑物条例。就购物中心而言，相邻的商业销售点和拱廊都必须考虑在内。此外，当商家租用一个商店单元的时候，商家和房东之间会签署一份租赁合同，阐明对于这个商店单元或者建筑来说，哪些是可以更改的，哪些是不可以更改的。如果商店的门面需要保留下来，合同里也会清楚地列出相应条款。

虽然按照室内设计指南的规则，商店门面的设计会随着地点的变化而变化，但仍然存在各家都通用的原则和技巧。两种主要的风格选择可归属到传统和现代的主题下。每一个主题下面都有非常明显的设计差异。入口的原则、大小以及位置对于室内的影响都是非常重要的考虑因素。标识展示亦是如此。

设计细节 商店门面

传统店面

传统店面的设计很有对称感,要和现有建筑的立面比例相协调。绝大多数情况下,除非品牌设计特别说明,否则,将一个"全新的"传统店面嵌入特定场所的情况是很少见的,除非为了某些设计原因或为迎合拱廊或购物中心的设计方案而被要求这么做,把现有的陈旧的店面替换掉。如果情形确实如此,那么新店面在使用的颜料和标识上也可能有些限制。在某些案例中,标准的字体、文本尺寸、颜色、以及标识类型都会被逐一标明。标识也许会被直接印制到招牌上而不是借助于标识盒,而投射标识要与购物中心里其它各方面都完全匹配,也可能被列为条款的一部分。

现代店面

现代店面的设计注重把街道上的光亮和视线吸引到店内来。这种店面的外观很干净,窗玻璃从地板一直延伸到招牌板,或者有时候招牌被镶嵌在窗玻璃内,置于磨砂不锈钢框架内。但也有时候环覆着内部元素的窗玻璃没有框架。标识由品牌决定,运用的是现代化的字体和文本展示的方式。与传统的涂画标识相比较而言,被照明的标识盒是现代店面设计的常用装置。

= 传统店面

这幅线条画反映了传统店面的典型特征,以现有建筑的立面为参照来确定其自身的比例。

= 英国伦敦的FULL CIRCLE购物中心

日　期
= **2008**

　　这家店面有一个很宽阔的入口,引导顾客直接进入购物中心,从而使得从人行道到商店内部的过渡完美无缺。

设计细节 商店门面

= **VILLANDRY 店面E展厅**

设计者
= **DALZIEL AND POW设计咨询公司**

日 期
= **2007**

这家店面直通街道，店面风格受到现有建筑构造的约束，并建有顶篷以便顾客躲避恶劣天气。

: **塞那维斯·英内罗（SHONQUIS MONERO）**
一块窗格玻璃将商店与人行道隔开。一方面，品牌氛围浓郁的室内空间欢迎有购买意向的顾客；另一方面，在嘈杂的街道上那些没有购物意向的人可以免费观看——借用一种历史悠久的传统橱窗购物方式。

入口门

　　入口门必须方便所有人轻松进入。因此，它的宽度至少应不少于1000mm。铰链门必须向内开，以免阻碍商店门前的街道或过道，并在夜晚为商店提供安全保障。铰链门的备选方案是滑动门，它的外观更加干净，而且不论在哪方面都不会对室内造成任何不利影响。在某些情况下，卷帘门也可起到正常使用的作用。

　　入口门的位置对于整个入口设计的成功与否起着关键作用。中央门融合了对称的元素，格外赏心悦目。此外，这样的设计也使得商店呈现出对称的风格，顾客在入口处的视线会直接落在店内的中央空间。如果有某一特定的原因需要一个大的橱窗展示而不是两个小的，或者如果收银台就被设在商店前部紧挨着橱窗的后面，将门设置在一侧就显得很有必要，同时会起到衬托室内空间的作用。通常情况下，店面是从上任商家承接下来的，所以现任商家需要改变整体设计构思以与当前的入口位置相匹配。替换门面开销巨大，如果目前的室内结构可以通过装饰更新的话，门面就是一个可以大幅度降低成本的地方。

内部/外部商店门面

　　设计师面临的不同设计机遇和方案，取决于商店是处于诸如购物中心、拱廊或者零售中心等环境中，还是直接位于大街上。例如，设计商场里的内部店面不必考虑天气因素，所以可以采用比较开放的设计方案。进入商店的入口处可以配备一个百叶窗来确保安全，百叶窗的后面不用安装实木门。入口处可以非常宽阔——有些甚至就是整个门面的宽度。此外，依据购物中心的准则，内部商店门面极有可能会在商店的前面有一处"凸出区"，通常进深500-1000mm。这就意味着商店店面设计可以凸出至商场里一部分。这种策略被用来营造不同的商业单元间的视觉差异，常用于购物中心提倡鼓励不同的店面设计风格的时候。

　　面向大街的店面必须绝对安全，具有防水功能，并且配有牢固的可锁定入口，极有必要在门的前面或者在整个店面的前面配备卷帘门。店面也要和邻居们甚至整排商家和谐一致；要符合招牌法规和准则。这就限制了商家任意发挥店面设计灵感的机会。

/ 室内建筑 /

设计细节 商店门面

= **英国伦敦的THORNTONS甜品店**

设计者
= **考尔德·穆尔**

日　期
= **2008**

这家店面允许顾客看到店内产品的制作过程。门的设计偏离了中心位置,为左手边的柜台腾出了空间。全长的窗玻璃,采用了彩色塑料装饰柜台和窗户装置的底面,这就把橱窗里展示的产品提升到了一个更加舒服的观赏高度。

商店橱窗

商店橱窗用一块玻璃将室外和室内隔离开来。在大多数的新店面里,玻璃都会覆盖尽可能大的面积,如此之大以至于分界线几乎不存在了。商店橱窗设计是一门艺术,也是一种职业,使新概念周期性地在橱窗上予以呈现。

大多数的橱窗展示都以一个将产品抬高到与窗玻璃高度相称的浅底座为中心,也为人体模型、价格说明和展示较小产品所另需的垫板留出了空间。商家的销售规划小组通常负责提供人体模型,但偶尔商业设计师也会给他们一些建议。

橱窗展示的目的是创造一个难以忘却的视觉效果,并通过一次非常有分量的产品声明来描述品牌价值。在所使用的材料、展示的照明方式和图样表达方面,橱窗展示必须与室内氛围和产品类型保持一致。橱窗暗示了一旦拥有这些产品就可以享受的生活方式,从而吸引顾客走进店内。橱窗展示的尺寸以及产品的陈列方式必须与所展示的产品相匹配。例如,大件物品需要宽敞的橱窗以便购物者可以远观,而小件物品则需要在与视线持平的高度展示,以便于顾客可以轻松地上前观看,不必弯腰或者伸长脖子这样辛苦。

有些商家把橱窗作为销售商品的主要工具。传统的珠宝店无疑是这种情况的一个典范。橱窗展示一直延伸至店里,占去了大部分的商业空间,如此一来室内就仅仅用作销售和服务了。珠宝展示非常注重细节,因为这些细节担负着固定住展品的职能,而橱窗内各式各样的珠宝则是在衬垫上展示的。

门面

一栋建筑的正面。在商业环境中,门面不仅为内部的商品做宣传,还向公众展示标识,并提供展示所需的大块平板玻璃窗。

设计细节 商店门面

店面标识

店面标识设计受控于具体的场所、房东、中心管理处或者规划处的条件。每一种情况都会有多种对应方案以供选择。商业设计师会和标识生产商密切合作以获得合理的方案。主要的标识类型包括招牌标识、投射标识和橱窗贴花。

大街上看到的招牌标识设计得各种各样，但所有标识通常都被归入以下三个类型：已经讨论过的传统喷绘标识；照明盒式标识，经常以"饼干听"的形式建成，徽标或者字样均为铝材，通过移除"饼干听"的顶盖可被替换为非常便于操作的含有荧光照明设置的磨沙亚克力（丙烯酸）；徽标或者字样取自一张铝箔或者钢片（可能是喷涂或者喷刷），然后用钉固定在标识板上的标识，这种标识通常由外部光源提供照明。

= 英国布里斯托尔的SIZE?商店

设计者
= **CHECKLAND-KINDLEYSIDES有限公司**

日　期
= **2009**

这家独特的店面在标识上采用黑白照片的模式。由于受到布里斯托尔的The Horsefair这一特殊场所的影响，店面的标识融合了商店建筑环境的特色。

和招牌标识的风格类似的有：投射标识、传统的喷绘标识或者是悬挂在固定店面的钢架上的照明盒式标识（制作方式与招牌标识相同）。有些商家，尤其是银行和珠宝店，招牌上映射出的是钟表而不是标识。

橱窗贴花的应用必须满足建筑法规的要求。贴花是由直接用于玻璃上且与视线持平的塑料薄膜制作，其作用是为了防止人们撞到玻璃上。绝大多数商家采用了一种很简单的贴花，既不会分散人们投向店内的目光，也使得玻璃看上去像结了霜似的，但有的商家则通过橱窗贴花的图形来对产品进行生动的描述。塑料的贴花自粘性好，也很容易被去除。

设计细节 室内建筑

制作图纸包是商业设计师的工作之一，以便将商业构架付诸实践之前对店址进行勘察。这样做是为了核对图纸上所得尺寸的准确性，或者可以开展全面的调查、以便制作成套的施工用图纸。鉴于店址的复杂性，聘请一位建筑师或者勘测员来承担这个任务会更明智些。

由于商店频繁易主，建筑结构经常会出现异常，因此需要大量的工作来重组室内空间，以便适应新的设计方案。牢记这一点，通常就可以把不同的设计方案折衷。这是任何一个对现有建筑进行室内设计的设计师都会面临的挑战。

有时候可以保留别人创建或者保留的建筑细节，这是最环保的一种方案。但有时候这种做法行不通，于是拆除建筑的原有内部结构便是可以理解的了。

在商业环境中，"建筑"这个词指的是一栋建筑物里的组织结构：天花板、墙壁和地板。这些元素全都是构成整体框架的一部分。在很多情况下，也是用来展示主要品牌元素的中性背景。设计趋势变化不定，但在过去的20年里我们已经目睹了商业设计如此巨大的变化，以致于在很多的建筑物上留下了烙印。首先是"白箱"，即一个以艺术画廊为基础的设计概念，在最小的室内空间里将服装展示出最好的效果。然后是和"白箱"相呼应的"黑箱"。再后来随着装饰形式的进化便产生了更多的颜色、图案和质地。

室内空间里的商业设计通常花样繁多，从而形成了品牌的表现舞台，或者遮蔽空间里建筑的真实面貌。

> **G.布鲁克（G. BROOKER) & S.斯通（S. STONE）**
> "……它们被重新塑造、重新利用和重新审视，然而，无可否认原有的概念会对随价的设计产生妨碍或激发……"

= **英国格拉斯哥的ALL SAINTS专卖店**

日　期
= **2003**

　　这个商业空间的室内设计强烈地反映出All Saints的品牌形象。在设计上突出了该场所从之前的邮局构架中所继承的诸多特征,与专门定制的照明设施和家具有明显的不同之处。建筑物的墙体已经部分剥落,更能显示出其独特的内部结构,有些地方甚至被变成了未加装饰的自然状态。

设计细节 室内建筑

天花板

天花板在营造整个商业空间的氛围中起到了巨大的作用。大多数情况下，它不被人们注意，但它的功用却极其强大。天花板里安装了照明设施、空调通风管、火警警报器，有时还有喷洒装置和音乐扬声器。天花板的设计原则可以通过以下三种类型来体现：垂吊式天花板、天花板浮遮和敞开式天花板。

垂吊式天花板由木架建成或者悬垂在Dexion架杆上，下面是石膏板罩面。垂吊式天花板在实体天花板和装饰天花板之间留出了150mm-500mm的空隙，为其中所有的隐蔽装置提供了足够的空间。这种方案在天花板具有可观的高度（以免天花板太低）的空间里效果非常好，并且使得整体的空间看上去十分整洁。此外，天花板里为光源安装提供便利的凹陷区或者垂落区，更能营造出一种真实感。

天花板浮遮的建造方式与垂吊式天花板类似，但它们只能覆盖天花板空间的部分区域。它们通常被设在具体的室内元素的上方，以便通过空间的容量形成一种独特的布局，或者与隐蔽安装在天花板里的设施相对应。此外，浮遮的建筑材料对于整体的设计构想来说有很大的风险性和特殊性。

敞开式天花板没有任何的垂吊元素。这样的天花板结构以及所有的空调通风管、照明装置和线路完全清晰可见。如果商店的天花板很高，那么它的设计可能会显得工业化，但符合室内构架的要求。将人们的视线从天花板上移开的一种方法就是把天花板和所有的装置都涂成黑色。这个概念来自剧院设计，一片漆黑的背景能促使观众聚精会神于台上的演出。在商业环境中，这就掩饰了那些不雅观的部分，将顾客的视线集中在产品上。这是预算较低的商店经常采用的一种有效方案——比如零售商店，大多数情况下天花板都很高。当天花板不高的时候（常见于现有的陈旧建筑物或者地下室），天花板设计便成了问题。垂吊式天花板不可行，因为没有足够的高度，而且天花板不高还意味着什么都无法被隐藏或者遮蔽。另外，顾客的视线高度离天花板如此之近，不可能再通过黑色的油漆来掩饰天花板上设置的部件。在这样的情况下，最好的解决方案就是让天花板尽可能洁净，利用天花板和墙壁的接缝来遮蔽线路。带有墙壁固定配件的轨道照明几乎是照明方案的唯一选择。

= 英国伦敦的VERTU商店

设计者
= SHED DESIGN

日　期
= 2007

这种墙壁的特点是,很有技巧地把产品固定住,使之隐藏于一条黑带中并被强光照亮。这种特色非常具有建筑趣味,也符合品牌概念。

天花板位于中央空间的上方,照耀着下面展示的汽车。"漂浮"的天花板里隐蔽的照明装置看上去好像一束日光,透射出生机。

设计细节 室内建筑

墙壁

墙壁是商业环境中最重要的元素之一。墙壁不仅是整栋建筑的结构支撑，也被用来展示大量的产品、创建特色展示、并通过不同的装饰处理来体现出颜色、质地和图案。很多的商业空间设计师借助于墙壁来呈现构架中蕴含的设计概念。墙壁就像一件雕塑一样，可以作为产品报价区或者产品陈列区之间的分界线，或者为室内空间添加兴趣点。

地板

地板的用料和装饰处理多种多样，但商业地板的关键是结实耐用。地板的预期使用寿命可以是一年到二十年不等，如何选择取决于商家的需求。地板的质量经常暗示着店内产品的质量。廉价的地板，比如塑料地板或者地毯，很快就会磨损，因此通常用作一种快速的应急措施，而昂贵的地板，比如花岗岩或者大理石，使用期限很长，而且也能给人一种奢华的感觉。

就图案和颜色来说，也有很多中等成本的地板，既耐用又趣味十足，能够和整体的品牌室内氛围互相映衬，相得益彰。橡胶、木材、陶瓷和水磨石都是不错的选择。

地板装饰也被用来限定商店里的不同区域。过道、展示区和销售结点的地板装饰，在同一个整体构架里可能各有不同。

影距

在墙壁、天花板和地板之间，或者在固定设施和地板之间，创建在细节上体现时尚感的连接点，以便使展示的物体看上去有种漂浮感。

= 英国伦敦的CASIO商店

日　期
= 2005

　　这是在英国创立的首家Casio品牌商店,将Casio的所有副品牌完美地融合在独特的"Casiology"环境里。这个位于伦敦Carnaby街道上的店面经历了里里外外的彻底改造,采用了当下"Casiology"广告宣传活动中的图样和影像。叶子、花朵和蝴蝶的固态黑色影像布满了墙壁,覆盖着地板,让顾客在走进商店的时候就能感受到动感和时尚。店外街道上的行人也会被橱窗上的分层意象所吸引,而Casio所特有的带有多面玻璃顶和蓝色镜面玻璃底座的展柜展示着各式各样的产品。简单有效的照明被隐蔽安装在天花板的狭槽里,昼夜不停地散发着光芒。整个的设计效果以一种别开生面,但又非常时尚的方式,有力地烘托了品牌的恒久和优质。

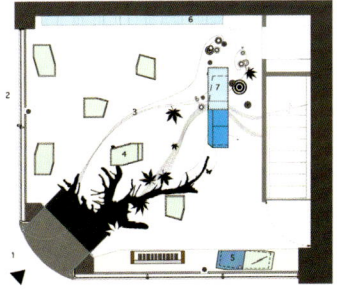

设计细节 固定装置与设备

= 英国伦敦的MARNI商店

设计者
= FUTURE SYSTEMS公司

日　期
= 1999

　　Future Systems公司应邀为Marni在伦敦、米兰、巴黎、纽约、东京和科威特等时尚之都的百货商店里所有专营店面和单元创立一个概念。这个概念正是来自于服装的质地、颜色、成分和美感。这些服装以商店色彩明亮的背景为依托展示在雕塑岛上。

固定装置与设备是构成商店室内功能的主要部分。设计这些设备使商业空间设计师承担了与家具设计师非常类似的角色，因为家具设计师在大多数情况下都在为批量生产商设计家具和展示设备。每种设备的设计都会精确到细节；所有使用的材料直至紧固零件也都会被逐一明确地标注。在某些情况下，可以直接使用现成的设备或者对其进行调整以便更加适用，这对于规模较小的商家来说可能是一种非常有利的做法，但对于要增设分店和优质品牌零售的商家来说，定制的物件在数量方面、在使用优质材料传达独特性方面，都能够有效地降低成本。

在任何商业装修过程中，从事专业商店装饰的承包商会被雇用来开展所有的现场工作。另外，在不断增设分店的商业条件下，商店装饰商会按照设计师在设计手册里提供的图纸，为每家店面制作设备。只雇用一个承包商来生产所有的设备通常能够降低成本，因为这样一来他就可以制作模具来大批量生产所有的内部设备。

商店展示的主要元素可以通过以下三方面来仔细研究: 墙壁设施、地板中央设施以及最终完善空间功能的紧固零件。

: 萨拉·曼纽利（SARA MANUELLI）
"英国特色的商业结构注重的是Mulberry所蕴含的精髓和采用的技巧……定制的皮革人体模型、枝形吊灯及其它短期用品的目的是为了挑战商店装修和艺术之间的传统界限。"

\ 室内建筑 \   / 学生案例分析 /

设计细节 固定装置与设备

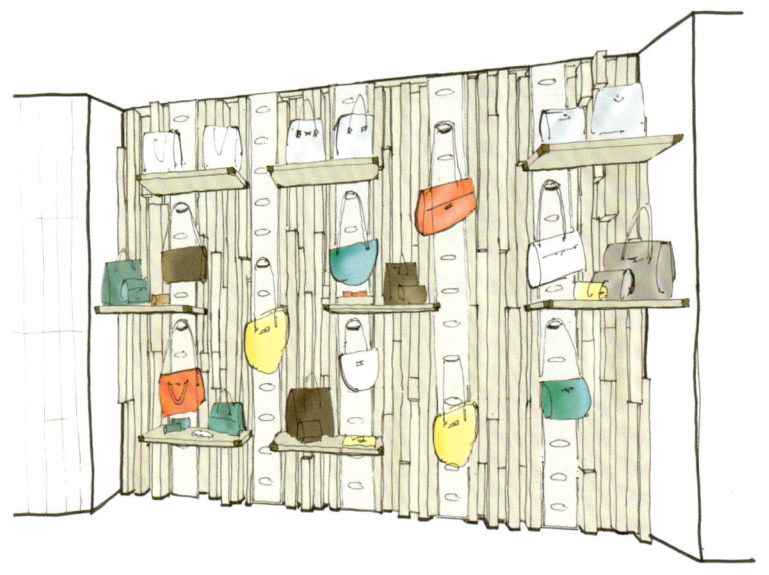

= **Mulberry 概念商店**

设计者
= **FOUR IV公司**

日　期
= **2008**

　　这些图纸表现了Mulberry概念商店里,墙面固定装置的创意演变过程。店内的墙壁多姿多彩,可以支持不同类型的产品陈列方式。

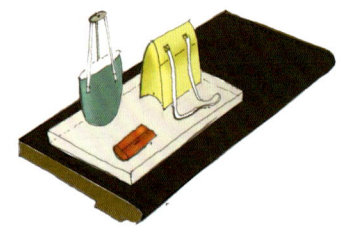

墙面固定装置

墙面固定装置的设计是围绕着标准尺寸的镶板（1200mm宽×2400mm高）创建而成的，这样就避免了接缝，使得装置的制作成本更为低廉，也更节约时间。这些装置可以由承包装修各家店面的装饰商来定制，或者按成套设备购买。最基本的镶板形式是木板墙壁，价格低廉且使用方便。这种镶板内部装有一系列间隔均匀的轨道，上面可以悬挂一套标准的挂钩、搁架、托架和栏杆。这些用品可以按照不同的饰面材料买进。木板墙壁上也有其它的变体：有些附带可以悬挂挂钩的小洞，而其它的则是用作常规饰面的平板。

定制的墙面固定装置含有商店构架所特有的一些专业设计特征，但它使用的永远是标准体系的立柱、挂钩、托架和栏杆。

当规划墙壁布局的时候，每一块镶板之间都会安装所谓的结构立柱。这些立柱上面布满了一系列的狭缝，可以用来固定搁板托架和挂衣杆。通常情况下，墙壁展示要包括一个镶板、一个展示产品的高位搁架，可能附有图样、或者悬挂式衣杆、更多间隔均匀的搁板，或者挂钩。将橱柜与墙壁展示联系在一起也是可能的。这些橱柜可以用作存储，如手机商店里墙湾的底座，常被设计成用来锁住贵重产品的玻璃橱柜。

有些墙面固定装置更像一件件大家具，而不是成套的部件。比如，男装部所展示的衬衫和西服容易让人联想起绅士俱乐部的设计。有些装置则似乎是作为室内建筑的一部分来嵌装的。此时设计师通过利用建筑物来激活部分设计过程，将建筑细节与标准构架合为一体，而这种情况在临时商店或者规模较小的分店面里会更为常见。

设计细节　固定装置与设备

地板中央的设施

为满足不同的销售目的，地板中央的设施具有很多不同的类型。最常见的展示设施包括不同高度和尺寸的桌子、贡多拉以及既存储又展示的橱柜。这些设施会和诸如明信片架或者CD循环播放器等专业特色展示并排进行。

除了作为一个有趣的展示特色，地板中央设施的重要作用之一，就是在不同的高度上分多个层次进行产品营销，以此吸引顾客走进店内仔细研究里面所陈列的产品。

桌子的构造通常很简单，因为主要用来对较小的物件和配件进行低位展示。有时候其他的销售载体也被放在桌子上来支撑产品，以达到更好的展示效果。这些载体通常是从专业供应商那里买进的精制的亚克力展示架。有时候也可将桌子叠放以实现更高位的展示。

贡多拉是具有特别功能的设备。就饰面而言，贡多拉的设计可以变化多端，但构造方式基本相同。贡多拉最常用于服装展示，也可以经调整用来固定搁架。设计和制作贡多拉时所使用的材料和设备通常与墙壁镶板一样。这就使得所展示的产品非常灵活。通常情况下，贡多拉的高度与视线持平，底部有个矩形框架，框架的四个角有轮子，框架的中间有隔板，这个隔板可以是实心的也可以是半透明的玻璃，或者就是一个简单的格子框，两侧均装有体系立柱。为了更好地展示产品，贡多拉顶部的附近会设一搁架，大多数情况下搁架上方会配有标识板。衣杆或者衣架则由体系立柱上面的托架支撑着。贡多拉的两端还为更进一步的商品展示提供了机会，通常会被用来讲述贡多拉上都有些什么故事——比如全套装备。

不论在这家商店还是那家商店，由于对产品强大的依赖性，橱柜极有可能是在尺寸、形状和存储量方面变化最大的固定装置了。例如，手机和其它的技术装置会被陈列在特别设计的长条橱柜上，橱柜的下面用来储存产品；珠宝商店倾向于选择顶端带有玻璃橱的木柜；而男装商店青睐的却是非常适合领带和衬衫的狭槽或者鸽笼式小空间。

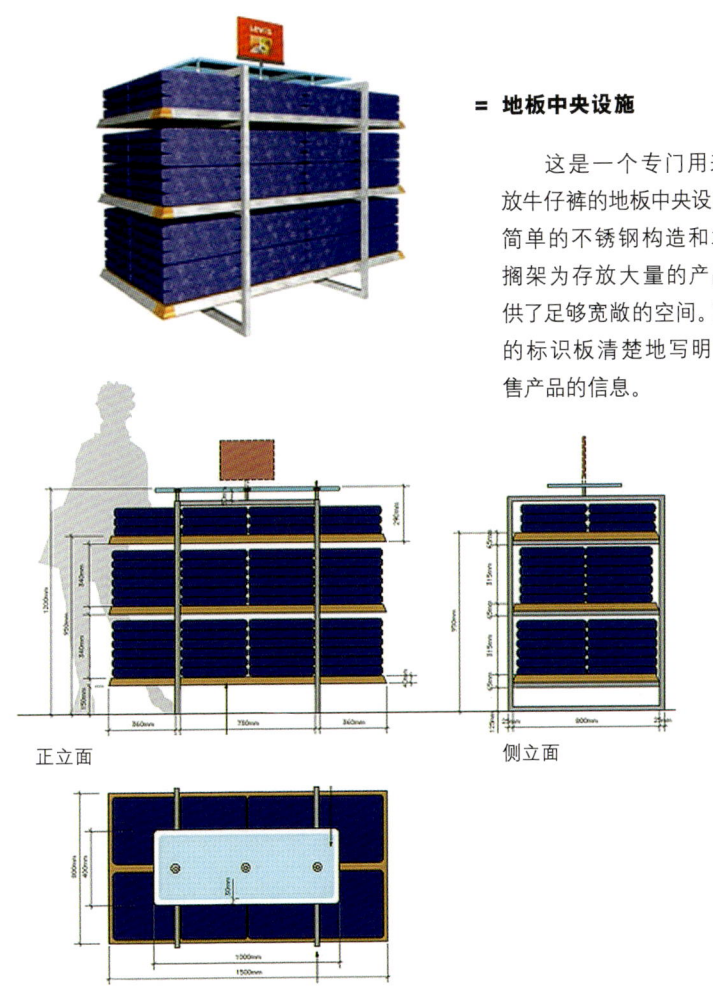

= 地板中央设施

这是一个专门用来堆放牛仔裤的地板中央设施。简单的不锈钢构造和木质搁架为存放大量的产品提供了足够宽敞的空间。顶部的标识板清楚地写明了待售产品的信息。

正立面　　　　　　　　侧立面

设计细节　固定装置与设备

收银台

室内构架最重要的元素之一以及最难设计的元素之一就是收银台。在某些情况下，收银台看上去可能仅仅就是一件功能家具，但在其它情况下，收银台则能体现商业空间的主要特点，其正面通常设有一面品牌宣传板。

收银台如此难以设计的原因在于它需要包含很多设备。设计收银台的出发点是要准确地理解那些设备是什么、其功能是什么以及每一个部件的尺寸。同时，产品也会要求收银台本身具备某些功能。比如在一家服装店，必须得有移除衣服上的挂钩的空间，而在超市里，则需要配有传送带。

即便是最简单的收银台也必须包含一个现金柜（有时这个柜子会带有相互独立的记录器和抽屉）、一台信用卡机器、一部电话、一个专门用来存放收据卷的抽屉、一个箱子、一个可以将产品装袋或者进行包装的空间等等。

收银台大都是由中密度纤维板（MDF）和废弃的软木建造而成；有些是玻璃罩面，而其它的则会在前部配有一块更加牢固的镶板。收银台的高度经常是错开的，这样既可为工作人员操作机器提供独立空间，同时也为顾客填写支票及使用芯片和密码提供一个比较舒适的平台。另外，收银台必须有为残疾顾客特别设置的进行低位服务的位置。

栏杆、挂钩和紧固零件

所有的栏杆、挂钩和紧固零件都可以从供货商那里直接买到。这些部件都是标准尺寸，因此支撑着所有固定装置的设计走向。商业设计师在设计任何形式的固定装置之前一定要了解这些部件的标准尺寸。

固定装置

这个词被用来描述那些为支撑产品和展示商品而特别设计的商店用家具。

= 英国伦敦的VILLANDRY商店

设计者
= DALZIEL AND POW设计咨询公司

日　期
= 2007

这个柜台是一个重要的销售结点。除了出售和展示商品之外，还为顾客提供了坐下休息的地方。柜台的图样和装饰与商店室内的其它方面互相呼应，浑然一体。

设计细节 学生案例分析

项 目
= 怀特岛动物园商业空间设计

设计者
= 菲奥娜·达米亚诺(FIONA DAMIANO)

日 期
= 2009

= 动物园入口处和商业空间的推荐设计方案

! 位于英国桑当镇且在一座现存的维多利亚时代城堡的高墙内建成的怀特岛动物园,以其为老虎、狮子、豹、美洲虎、狐猴、猴子、蛇、蜘蛛和蜥蜴等动物提供保护区而闻名遐迩。所有的动物都生活在丰富多样的自然围场内,充分展示着他们的自然习性。动物园的使命是"通过一流的教育设施、休闲体验、及示范性动物管理、保护和研究来提升濒危物种的生存能力"。

作为重建项目的一部分,一群学生亲临动物园对其商业空间和入口实施新的设计方案。按照任务指示的部分内容,学生们必须要考虑动物园全力支持动物福利和高度注重材料回收利用的道德立场。

菲奥娜·达米亚诺的这个概念将扎哈·哈迪德 (Zaha Hadid) 的无固定形状和维克多·奥塔 (Victor Horta) 的新艺术时期的曲线连锁效应结合在一起,创造出一个赏心悦目的设计方案。顾客可以在开始游览动物园之前通过入口处的坡道进入商业空间,或者是在游览动物园之后再进入,这就使顾客有更大的购物可能。产品展示的固定装置和设备的定位与顾客的游览路线密切结合,并且也是为某些特定类型的产品专门设计的。两个柜台被别具匠心地设置在不同的地方:一个在入口售票处,另一个较大的位于出口附近的商业空间里。材料和现有的橱柜都被最大程度地回收利用,并被油漆成白色,最后通过产品来为空间增添色彩和质感。

? 假如你已经为一家商店的室内空间完成了概念设计,现在正处于项目的细节处理和规格说明阶段。

1. 你希望顾客从大街上对商店产生怎样的第一印象?
2. 如何设计天花板和地板才能使其成为整体构架的有机组成部分,并为销售品牌产品和提升顾客购物体验助一臂之力?
3. 你打算使用什么样的墙面特色展示来销售品牌产品?
4. 你需要什么类型的固定装置来完善产品展示,使其更能吸引顾客走近产品?

/ 参考书目 /

结束语

= 德国柏林的LEVI'S旗舰店

设计者
= CHECKLAND KINDLEYSIDES有限公司

日 期
= 2008

此书的出版旨在为商业室内空间设计提供颇有见指导,并简化设计师在接触这一领域时的工作过程。通过展开这样一个激动人心、发展迅速且又创意十足的产业画卷,我希望我已经加深了,作为新设计师的你们对室内设计的职业内涵的理解,以及你们如何把自己变成设计师队伍的一部分。

看到一个设计方案从纸面上鲜活地变为现实是一件非常激动人心的事情。当人们能够按照预想的那样去利用商业空间并且享受购物体验的时候,商业设计师所做出的一切努力也都更有价值。让空间变得充满活力是一项复杂的艺术行为,但完全可以通过创造力、鉴别力和创作的激情来实现。

下次你走进一家商店的时候,稍作停留,四处看看。观察一下通过市场调查、辛苦分析设计出来的顾客游览路线;现在商业设计的古老原则和品牌故事的情景讲述都是怎样的。问问你自己:"这家商店要传达的信息是什么?""我为什么选择进入这家商店?""它为什么会吸引我?"然后看着故事慢慢流淌出来。这本书将会帮助你洞悉曾经属于潜意识中的东西,并使其在不同的程度上参与到室内空间的活动中来。

参考书目

Anderson, J. & Shiers, D. The Green Guide to Specification: Breeam Specification Wiley Blackwell; 4th Edition, 2009

Beylerian, G. & Dent, A. Material Connexion: The Global Resource for Innovative Materials for Artists, Architects and Designers Thames & Hudson, 2005

Brooker, G. & Stone, S. Rereadings: Interior Architecture and the Design Principles of Remodelling Existing Buildings RIBA Enterprises, 2004

de Chatel, F. & Hunt, R. Retailisation: The Here, There and Everywhere of Retail Europa Publications, 2003

Conran, T. A Sort of Autobiography Q&A Harper Collins, 2001

Curtis, E. Fashion Retail Wiley-Academy, 2004

Dean, C. The Inspired Retail Space Rockport Publishers, 2003

Din, R. New Retail Conran Octopus, 2000

Fitch, R. Fitch on Retail Design Phaidon Press Limited, 1990

Fogg, M. Boutique: A 60s Cultural Phenomenon Mitchell Beazley, 2003

Giest, J.F. Arcades: The History of a Building Type, MIT Press, 1983

Green, W. The Retail Store Design and Construction iUniverse.com, 1991

Klein, N. No Logo Flamingo, 2000

Lancaster, B. The Department Store: A Social History Leicester University Press, 1995

Major, M. & Spe, J. Made of Light, The Art of Light and Architecture Birkh user, 2005

Manuelli, S. Design for Shopping: New Retail Interiors Laurence King Publishing, 2006

Massey, A. Interior Design Since 1900 Thames and Hudson, 2008

McDonough, W. & Braungart, M. Cradle to Cradle: Remaking the Way We Make Things Rodale Press, 2003

Miller, M. B. The Bon March : Bourgeois Culture and the Department Store, 1869–1920 George Allen & Unwin, 1981

Moreno S. et al Forefront: The Culture of Shop Window Design Birkh user, 2005

Mun, D. Shops: A Manual of Planning and Design The Architectural Press, 1981

Olins, W. The Brand Handbook Thames & Hudson, 2008

Pallasmaa, J. The Eyes of the Skin: Architecture and the Sense John Wiley & Sons, 2008

Reis, A. & L. The 22 Immutable Laws of Branding Harper Collins, 1998

Riewoldt, Otto Brandscaping: Worlds of Experience in Retail Design Birkhauser Publishers, 2002

Scott, K. Shopping Centre Design Von Nostrand Reinhold Co. Ltd, 1989

Steel, C. Hungry City: How Food Shapes Our Lives Chatto & Windus, 2008

Thorne, R. Covent Garden Market: Its History and Restoration The Architectural Press, 2008

Turner, A. W. The Biba Experience Roger Sears and Isobel Gilan, 2004

Vernet & de Wit Boutiques and Other Retail Spaces: The Architecture of Seduction Routledge, 2007

Yelavich, S. Contemporary World Interiors Phaidon, 2007

Zumthor, P. Atmospheres Birkh user, 2006

Webology

BREEAM: The Building Research Establishment Environmental Assessment Method For Buildings Around the World
www.breeam.org
www.echochamber.com
www.interiordesignhandbook.com
http://materialslibrary.org.uk
www.thecoolhunter.co.uk

引言来源

014
Knight, P. Nike, taken from
De Chatel, F. and Hunt, R.
Retailisation: The Here, There and
Everywhere of Retail
Europa Publications, 2003

016
Olins, W. The Brand Handbook
Thames & Hudson, 2008

019
Reitwoldt, O. Brandscaping: Worlds of
Experience in Retail Design Birkh user, 2002

022
Din, R. New Retail Conran Octopus, 2000

024
Caulder Moore Gina Dubai Press
Release, 2008

038
Thorne, R. Covent Garden Market:
Its History and Restoration
The Architectural Press, 2008

045
Koolhaas, R. taken from **De Chatel, F.
and Hunt, R.** Retailisation:
The here, there and everywhere of retail
Europa Publications, 2003

049
Hulanicki, B taken from **Fogg, M.**
Boutique: A 60 s cultural phenomenon
Mitchell Beazley, 2003

051
Conran, T. A Sort of Autobiography
Q&A, HarperCollins, 2001

057
Gardner, J. in The New York Sun.
Taken from www.bcj.com August 2009

068
Din, R. New Retail Conran Octopus, 2000

072
Giest, J.F. Arcades: A History of a Building
Type MIT Press, 1983

078
Scott, K Shopping Centre Design
Von Nostrand Reinhold Co. Ltd, 1989

084
Din, R. New Retail Conran Octopus, 2000

093
Pallasmaa, J. The Eyes of the Skin:
Architecture and the Sense John
Wiley & Sons, 2008

094
6a Architects K-Swiss Press Release,
2008

103
Klein, N. No Logo Flamingo, 2000

105
Heap, D. from www.danheap.com/
about.html August 2009

113
Zumthor, P. Atmospheres Birkh user, 2006

119
Fitch, R. Fitch on Retail Design
Phaidon Press Limited, 1990

129
Green, W. The Retail Store Design
and Construction iUniverse.com, 1991

132
Saguez & Partners Lafayette Maison
Press Release, 2004

026
Saguez & Partners Lafayette Maison
Press Release, 2004

142
Wanders, M. taken from **Manuelli, S.**
Design for Shopping: New Retail Interiors
Laurence King Publishing, 2006

146
Moreno S. et al Forefront: The Culture
of Shop Window Design Birkh user, 2005

152
Brooker, G. & Stone, S. Rereadings:
Interior Architecture and the Design
Principles of Remodelling Existing Buildings
RIBA Enterprises, 2004

159
Manuelli, S. Design for Shopping:
New Retail Interiors Laurence King Publishing, 2006

词汇

音响效果
该术语用以描述对声音的科学研究。就室内空间而言，声音可以通过所使用的材料加以控制。硬质材料会反弹声音，致使空间里充满了到处跳跃的回声；软性材料吸收声音，能够营造比较安静的空间。

拱街
带有无比壮观的玻璃和钢架屋顶结构以及富丽堂皇的店面装饰的封闭公共购物区，经常在大街与大街之间创建一条通道。

中庭
带有玻璃穹顶的被遮蔽的室内空间，常见于拱街以及百货商店的中央流通区。

品牌化
品牌化是通过某一特定的名称面向某一特定群体营销商品和服务的途径。一个品牌可以是一种产品，一个人或者一句标语——任何可以用来买卖的想法或者人工制品都可以被品牌化。

品牌立体化
该术语用以描述如何在立体空间内成功竖立一个品牌的形象。

精品店
一个规模较小、独立经营的时装商店，通常有着与众不同的风格。

连锁店
指某一商家在不同的城市复制的品牌店。

通道
人们环游建筑物时所走的受控路线。

概念商店
概念商店是指第一次在某一具体场所被用来检测和推进新的经营策略的商业空间。

特许经营店
特许经营店是指在百货商店里被重要的商家或者品牌占据的空间。根据所出售的产品类型，特许经营店在每一楼层都会被分别归类。

广场
火车站或者机场的站台前面或者站台之间的大片空间。

用户致上
尊重顾客的购买行为。

"从摇篮到摇篮"
这个术语用以描述材料的无限循环使用过程；材料"再生"，即被使用、被拆除然后被再利用。

百货商店
一栋专用的商业大楼，楼内以特许经营店的形式出售各种产品。

门面
门面是一栋建筑的正面。在商业环境中，门面不仅为里面的商店起到广告宣传的作用，还向公众展示标识及带有大厚玻璃板的橱窗。

时装商店
高档时装品牌，有知名设计师或者设计小组为其工作。

固定装置
这个词被用来描述那些为支承产品和展示商品而特别设计的设施、家具。

旗舰店
旗舰店是比连锁店规模更大的经营场所。商家成立旗舰店是为了在世界范围内的重点区域推销其品牌。旗舰店通常具有更高的规格和独有的特点，二者共同构成了品牌宣言。通常情况下，旗舰店的商品展示和展会的风格很类似。

贡多拉
在地板中央的位置支承吊挂服装的一种固定装置，通常与人的身高持平。

巨型超市
巨型超市是超市的扩大版，通常所容纳的产品种类比日用杂货更为丰富。

生活方式商店
生活方式商店能够提供某一品牌或者某个地区的各种不同产品，因为为顾客在一个商家就能购买全部生活用品提供了机会。

勒克斯
光的明亮度的测量单位。

超级购物中心
将商业活动与休闲设施结合在一起的巨型郊外购物中心。

气氛木板
气氛木板由从书中获得的影像和图片构成，它们在木板上排列有序，描述了室内空间给人的感觉以及使用者的性情。

节奏
指一个人在空间内移动的速度。商业设计师在设计室内构架的时候，经常要考虑到各环节之间形成的不同节奏。

临时店
临时店是一种暂时的商业环境，为了在不寻常的地方促销品牌所建。通常情况下，展示正规店内无法看到的独家产品，或者只进行互动性广告活动，而不提供产品。

产品
一个物品或者人工制品。

零售单位
一隅为顾客量身定做的商业空间。

铺展
用以描述将同一种内部设计方案应用到不同场所，即再现过程的术语。虽然为了反映出不同场所的本质也许会对内部设计稍作调整，但设计构想所蕴含的原则是不变的。

影距
在墙壁、天花板和地板之间，或者在固定设施和地板之间，创建在细节上体现时尚感的连接点，以便使展示的物体看上去有种漂浮感。

可持续发展
以消耗能源的方式利用地球的自然资源，即在不损害环境的前提下营造建筑物或制造材料。

体系立柱
正面带有一系列狭槽的薄钢板，被用于墙板之间来固定栏杆和搁板的托架。

虚拟购物
网上提供的、在非实体店进行的商业活动。

致谢

编写本书是一个充满挑战但又真正有所回报的历程。如果没有AVA出版社的知识和支持,本书不可能顺利完工。如果没有领先的商业设计实践活动所提供的素材,本书不可能有如此鲜活的视觉内容。同样,如果没有朴茨茅斯大学建筑学院室内设计文学士(学士学位)课程的教职员工及学生们的群策群力,本书也不可能如期成型。

因此,在这里,我要特别感谢AVA出版社的利菲·罗宾逊(Leafy Robinson)给了我实现这个夙愿的机会以及在整个写作过程中对我的大力支持;感谢来自Dalziel & Pow的基思·韦尔(Keith Ware),来自Brinkworth的西蒙·阿什(Simon Ash)和来自Shed Design的本·菲利普斯(Ben Phillips)为我提供了大量宝贵的信息并在百忙之中特地抽出时间与我会面;感谢罗琳·法雷利(Lorraine Farrelly),贝琳达·米切尔(Belinda Mitchell)和雷切尔·布朗(Rachael Brown)的深刻见解及非常有建设性的谈话;感谢特里特丽(Terry)和琼(June)在截稿期临近、我承受巨大工作压力的时候,帮我照看小孩;还要感谢安德鲁(Andrew)和利奥(Leo)的不断鼓励。

图片提供

封面图片Frank Oudeman 2010 ©
003 由Dalziel and Pow 提供的影像
006 图片© James Winspear, 由Four IV友情提供
013 由Dalziel and Pow提供的影像
014 由Andrew Mesher提供的图片
016/017 由伦敦HMKM提供的影像
021 由Brinkworth提供的影像
022/023 由Shed Design Ltd.友情提供的翻印影像
025 由Caulder Moore提供的影像
027 由Checkland Kindleysides友情提供的图片
028 由Checkland Kindleysides友情提供的影像
029 图片© Richard Davies, 由John Pawson友情提供
030/031 由Checkland Kindleysides友情提供的图片
032/033 由Magdalena Kumala提供的影像
037 由Shutterstock友情提供的影像
039 Getty友情提供的影像
041 由Dalziel and Pow 提供的影像
043 图片© Paul Raftery, 由View Pictures Ltd.友情提供
044 图片© Yoshiko Seino（巴黎）和Masa Yuki Hayashi（东京），由Amanda Levete Architects友情提供
046 6a Architects的绘图
047 由David Grandorge提供的图片
048/049 由Dalziel and Pow 提供的影像
051 由John Maltby / RIBA Library提供的系列图片
052/053 由Droog提供的影像
054/055 由Formavision提供的影像
056 由Ed Uthman提供的照片
058 由QuA Associates提供的影像
060/061 由Jekaterina Zlotnikova, Stephanie Harris和Angeliki Loannou提供的影像
065 图片© James Winspear, 由Four IV友情提供
066 由Richard Davies提供的图片
067 Lynne Mesher的绘图
070/071 由Dalziel and Pow 提供的影像
073 由Lynn Mesher提供的图片
076 摄影师: Marcin Czajkowski 友情赞助: The Jerde Partnership, Inc.
078 由echochamber.com 友情提供的影像
080 由QuA Associates提供的影像
084/085 由伦敦HMKM提供的影像
088/089 由Fahirool Adzhar Muhmad提供的影像
094 由David Grandorge提供的图片
097 由Shutterstock友情提供的影像
098 由Shutterstock友情提供的影像
099 由Shutterstock友情提供的影像
100 由Shutterstock友情提供的影像
101 由Shutterstock友情提供的影像
102/103 由Checkland Kindleysides友情提供的图片
104 由Checkland Kindleysides友情提供的图片
106 由Shed Design Ltd.友情提供的翻印影像
107 由Brinkworth提供的影像
108 图片© Rama Knight, 由Four IV友情提供
109 由Caulder Moore提供的图片
110 Lynne Mesher的绘图
112 由Caulder Moore提供的图片
114/115 由Caroline Hart提供的影像
118 QuA Associates的绘图
122/123 Luc Boegly 和Saguez和Partners
124/125 由Checkland Kindleysides友情提供的影像
127 由伦敦HMKM提供的影像
129 Four IV的绘图
131 由Brinkworth提供的影像
133 QuA Associates的绘图
134 Lynne Mesher的绘图
135 由Brinkworth提供的影像
136 Lynne Mesher的绘图
139 由Katie Drake-Burrows提供的影像
144 Lynne Mesher的绘图
145 由Brinkworth提供的图片
146 由Dalziel and Pow 提供的影像
148 由Caulder Moore提供的图片
151 由Checkland Kindleysides友情提供的图片
153 由Brinkworth提供的影像
155 由Shed Design Ltd.友情提供的翻印影像
157 由Brinkworth提供的影像
158 由Amanda Levete Architects提供的图片
160 Four IV的绘图
163 Lynne Mesher的绘图
165 由Dalziel and Pow 提供的影像
167 由Fiona Damiano提供的影像
168 由Checkland Kindleysides友情提供的图片

基础
空间设计
注重职业道德

林恩·埃尔文斯（Lynne Elvins）
内奥米·戈德（Naomi Goulder）

出版说明

道德的话题并不新鲜，然而在应用视觉艺术领域考虑道德问题却可能不是想象中那么普遍。我们这里的目的就是要帮助新一代的学生、教育家以及从业者找到方法，对他们在如此生机勃勃的领域里的想法和见解给以指导。

AVA 出版社希望以下几页"注重职业道德"的内容能够为教育家、学生和专业人士提供一个思考的平台以及将道德因素灵活地融入其工作中的方法。我们的阐述包括四个部分。

引言部分的初衷是就历史发展和当前的主要议题为道德景观呈现一个初步印象。

框架部分将道德因素划入四个区域，并针对它的实际应用提出了可能发生的问题。根据所给出的刻度依次回答这些问题，会使你通过比较，对你所做出的反应进行更深层次的研究。

实例分析部分以一个真实的项目为例，提出了一些可供继续考虑的道德问题。这更像一个讨论的聚焦点而不是批判性分析，因此答案里没有预设的正确与错误之分。

相关阅读部分提供了一些其他的书籍信息，可通过它们了解更多相关细节。

引言

道德是一个复杂的话题,它将个人的社会责任感同与个性及幸福感紧密相关的诸多因素交织在了一起。

道德不仅包括同情心、忠诚和活力等优秀品质,也涵盖着信心、想象力、性情和乐观的心态。正如古希腊哲学里所提到的,基本的道德问题是,"我应该做什么?"我们如何追求"美好的"生活,不仅关系到我们的行动会对其他人产生什么影响的道德担忧,也会引起对我们自身的正直品行的自我反省。

在现代社会,道德规范方面最重要且最有争议的问题就是道德问题。随着人口的不断增长和移动通信的日益发展,如何规划我们在地球上的共同发展便自然而然地成为了人们最关注的问题。对于视觉艺术家和通信工作者来说,将这些应考虑的因素纳入创作过程毫不见怪。

有些道德问题已经在政府的法律法规或者职业行为准则中有明文规定。例如,剽窃和泄露机密都可以作为应受到惩罚的罪行。各国在立法中也明确规定剥夺残疾人获取信息或者进入空间的行为是违法的。很多国家已经禁止将象牙作为一种原料进行贸易。在这些案例中,都有一条清晰的界限,表明什么是不能被接受的。

但是，绝大多数的道德话题都是可以在专家和外行人之间进行开放式讨论，最终我们还是得基于自己的指导原则或者价值观来做出我们各自的选择。为慈善机构工作比为商业公司工作更道德吗？创造出令其他人感觉丑陋或者反感的东西就不道德吗？

诸如此类的具体问题可能会引发更加抽象的其他问题。比如，难道只有对人类的影响（以及他们所在乎的）重要吗？对自然界的影响是否也应引起注意呢？

即便推动道德结果的过程中需要做出牺牲，也是正当合理的吗？必须得有一个统一的道德理论吗（比如功利主义理论认为正确的做法总是能够给大数人带来最大的幸福）？或者也可以有很多不同的道德价值观将一个人朝着不同的方向引导？

当我们参加道德讨论并在个人和职业的水平上来审视这些进退两难的话题时，我们可能会改变我们的观点或者改变我们对其他人的看法。可事实上，当我们回过头来再细看这些问题的时候，就会发现真正的考验在于我们能否改变我们做事以及思考问题的方式。"哲学之父"苏格拉底指出，如果人们知道什么是正确的，他们自然就会去做"好事"。但这样一个观点也许只能引导我们提出另一个问题：我们怎么才能知道什么是正确的呢？

道德的框架

你

你的道德信仰是什么？

你所做的每件事情的核心都表明你对周围的人及问题的态度。对于某些人来说，他们的道德观在他们以消费者、投票人和职业工作者的身份做出日常决定的过程中起到了积极的作用。但其他人可能几乎很少考虑道德的问题，而且这并没有让他们变得不道德。个人的信念、生活方式、政治主张、国籍、宗教信仰、性别、阶层或者教育背景都会影响你的道德观。

依据下面给出的刻度，你将把自己放在什么位置？做出这个决定你都考虑了哪些因素？请把你的答案与你朋友或同事的进行比较。

你的客户

你的条件是什么？

工作关系是能否将道德观融入一个项目的关键，而你每天的行为就是你的职业道德的演示。最具有影响力的决策者是你的首选共事对象。在讨论哪些方面要是非分明的时候，香烟公司或者军火商是经常引用的例子，但实际情形很少会这么极端。在哪一点上你可以依据道德标准拒绝一个项目呢？必须谋生的现实又会在多大程度上影响着你的选择能力呢？

依据下面给出的刻度，你会把一个项目放在什么位置？这与你个人的道德水准相比较而言是怎样的呢？

你的规格说明

你的材料效果怎样?

近期,我们得知很多天然原料都供应不足。同时,我们也逐渐意识到有些人造材料可能会对人或者地球产生长期的危害。你对你所使用的材料了解多少?你知道它们来自哪里,距离多远以及它们是在什么样的情况下被取得的吗?当你制造的材料已经不再被需要了,对其进行回收利用容易吗?安全吗?它会毫无痕迹地消失吗?这些因素都在你的责任范围内还是你无法掌控它们?

依据下面给出的刻度,请标出你所选择的材料处于哪个道德水平上。

你的创造物

你工作的目的是什么?

在你、你的同事们和一个议定的信仰之间,你的创造物将获得什么?它有什么社会目的,会做出积极的贡献吗?你的工作所带来的应该不仅仅是商业成功或者工业大奖吧?你的创造物有可能帮助挽救生命、教育、保护或者激励其他人吗?形式和功能是判断一件创造物时约定俗成的两个方面,但在视觉艺术家和通信工作者的社会义务方面,或者他们在解决社会或者环境问题所能起到的作用方面,几乎没有达成什么共识。如果你想成为一名广受认可的创造者,你能对你的创造物有多大的责任心?这种责任心可能在哪里结束?

依据下面给出的刻度,请标出你的工作目的处于哪个道德水平上。

注重职业道德 实例分析

震教徒（The Shakers）

商业设计引发道德困境的一个方面是创建的室内空间可能会直接影响到人们的安康。比如，有些研究已经发现室内挥发性有机化合物（VOCs）的浓度要比室外高出十倍之多！VOCs是夹杂在其他的物质中间一起由颜料、涂漆、地板材料和抛光材料散发出来的。过度暴露在充斥着有害的VOCs的环境中会引发不利健康的影响，包括眼睛发炎、喉咙痛、头疼、疲劳、眩晕和恶心。电脑等日常设备所产生的电场以及某些材料所造成的多余的静电也可能对人类健康有害。长期暴露于电场可能会使呼吸系统疾病和感染、空浮菌和病毒的发病风险大幅度增加。室内设计项目应该（或者通常）在哪一点上将这些因素以及其它健康问题纳入考虑范围？室内设计师要担当起按照至今尚无定论、却仍在探索讨论中的证据来考虑各种潜在风险的责任吗？还是这份责任应当由科学研究员和与问题材料的生产商合作的政府来承担呢？

震教徒（The Shakers）是1774年为逃避宗教迫害离开英国，到美国寻求自由的一个宗教派别。他们追求的是脱离"外面世界"的独立生存，所以他们自己动手建造房屋并且设计他们自己的物品。

震教徒的室内设计完全没有装饰，与当时处于主流地位的过度花哨和精美的维多利亚风格形成了鲜明的对比。所有串珠状缘饰和装饰线条都被除去，只留四面白墙和便于清洁的光秃秃的漆地板。有位评论员一走进震教徒的建筑，就这样写道："对一切的第一印象就是干净，虽然蕴含"贫乏"的、不和谐的特性，但让人觉得舒服。这种"贫乏"主要归因于没有糊纸的墙壁、仅仅被零星的小地毯或者地毯条覆盖着的仔细擦拭过的地板，以及那些朴素的缺少装饰的木制品。"

窗户框架、烟囱和楼梯也都是以干净的线条为基本的形式建成。所有这些无不反映出彻底的简单、显著的功能以及精湛的手工。震教徒设计的每件东西都经过了深思熟虑，因为他们相信好好设计一件物品本身就是"一次祷告的行为"。

震教徒过的是公社式的生活，所以家具的建造和安排都是为了能够被大量人有效利用。每件东西都有它的功能，包括椅子、长凳、桌子和装满了带有抽屉的储存柜的巨大仓库。房间周围一排排的木挂钩被用来悬挂椅子、篮子和帽子。家具由松木或其它的廉价木材打制而成，所以颜色较浅，也不重。震教徒宽大的会议室，为他们的宗教舞蹈提供了足够空间。任何一栋建筑里的重要事项都被认为是照明的质量、均匀的供热、对安全和舒适的普遍关注，以及其它与健康和长寿相关的因素。典型的公社卧室可能含有简单的绳床、洗脸盆和燃木火炉。储物箱、钟表、扫帚和编织物也都是震教徒自己制造，有些产品也可以出售。

到20世纪中期的时候，受到现代派"形式追随功能"这一断言的启发，收藏家们开始热衷于震教徒的人工制品，而与此同时，震教徒公社也在消失。由于这种手工制品具有优良的品质和重要的历史意义，原始的震教徒家具非常昂贵，至今仍然在被追寻。

如果一种室内设计受到了宗教信仰的启发，这会让设计的结果更加道德吗？

怎样装饰才能看上去比朴素更显道德？

你会向一位富有的私人客户力荐震教徒的室内设计吗？

威廉·莫里斯（WILLIAM MORRIS）
"装饰的最终效果，要想不被理性的人忽视，必须具有三个品质：美感、想象力和次序。"

注重职业道德 延伸阅读

AIGA
Design Business and Ethics
2007, AIGA

Eaton, Marcia Muelder
Aesthetics and the Good Life
1989, Associated University Press

Ellison, David
Ethics and Aesthetics in European Modernist Literature:
From the Sublime to the Uncanny
2001, Cambridge University Press

Fenner, David E W (Ed)
Ethics and the Arts:
An Anthology
1995, Garland Reference Library of Social Science

Gini, Al and Marcoux, Alexei M
Case Studies in Business Ethics
2005, Prentice Hall

McDonough, William and Braungart, Michael
Remaking the Way We Make Things
2002, North Point Press

Papanek, Victor
Design for the Real World:
Making to Measure
1972, Thames & Hudson

McDonough, William and Braungart, Michael
United Nations Global Compact
The Ten Principles
www.unglobalcompact.org/About_The_GC/TheTenPrinciples/index.html